L'autodiscipline pour les entrepreneurs

Comment développer et maintenir l'autodiscipline en tant qu'entrepreneur

par

Martin Meadows

Inscris-toi à ma newsletter

J'aimerais rester en contact avec toi. Inscris-toi à ma newsletter et reçois mes nouvelles publications, des articles gratuits, des cadeaux et autres e-mails importants de ma part.

Inscris-toi en cliquant sur le lien ci-dessous : http://www.profoundselfimprovement.com/frnews

Table des matières

Inscris-toi à ma newsletter 2

Table des matières 3

Prologue 5

Chapitre 1 : Pourquoi es-tu
un entrepreneur ?.. 10

Chapitre 2 : Créer un style de vie
centré sur l'autodiscipline.................................. 29

Chapitre 3 : Comment maintenir
un équilibre et rester raisonné 56

Chapitre 4 : Quatre outils pour développer
ton autodiscipline en tant qu'entrepreneur......... 75

Chapitre 5 : Les défis les plus courants
auxquels font face les personnes qui
veulent démarrer une entreprise 100

Chapitre 6 : Des défis communs
d'autodiscipline pour les
entrepreneurs expérimentés............................. 123

Chapitre 7 : Foire aux questions
sur l'autodiscipline 145

Épilogue 178

Inscris-toi à ma newsletter 181

Peux-tu aider ? 182

À propos de Martin Meadows 183

Prologue

En tant que personne qui a travaillé à son compte toute sa vie, je sais à quel point l'entrepreneuriat peut être difficile.

Les difficultés que les gens associent habituellement avec l'entrepreneuriat, comme trouver une idée d'entreprise, mobiliser des capitaux, créer un produit, trouver des clients et embaucher des employés, ne sont que le début.

L'entrepreneuriat pose également des défis à ton autodiscipline. Les gens qui n'ont jamais travaillé à leur compte ne réalisent pas les montagnes russes que représentent cette aventure.

L'autodiscipline est mon point fort depuis mon plus jeune âge. Je me souviens encore économiser de l'argent au lieu de le dépenser comme les autres, travailler sur mes objectifs à long terme plutôt que de faire la fête comme les autres adolescents, m'accrocher pendant des années à toutes les activités que j'aimais au lieu d'abandonner au premier obstacle.

J'ai écrit deux livres à succès sur l'autodiscipline - *Comment développer l'autodiscipline : Résiste aux tentations et atteins tes objectifs à long terme* et *L'autodiscipline quotidienne : Habitudes et exercices quotidiens pour développer l'autodiscipline et atteindre tes objectifs.*

Je suis également l'auteur d'un livre sur l'autodiscipline pour les personnes au régime - *L'autodiscipline lors d'un régime : Comment perdre du poids et être en bonne santé malgré les fringales et une faible volonté*, et un livre sur l'autodiscipline pour les personnes qui veulent commencer à faire plus d'exercice - *Comment développer l'autodiscipline dans le sport : Techniques et stratégies pratiques pour développer des habitudes sportives à vie.*

Inutile de dire que j'en connais un rayon sur l'autodiscipline. En tant que chef d'entreprise, je me suis rendu compte que je pouvais aider d'autres entrepreneurs en rédigeant un livre consacré aux défis uniques auxquels ils sont confrontés quotidiennement.

Mon expérience professionnelle concerne diverses entreprises en ligne. Pendant quelques années, j'étais travailleur indépendant, travaillant principalement dans l'optimisation des moteurs de recherche (SEO). J'ai dirigé de nombreux petits sites de niche et les ai monétisés avec des réseaux publicitaires et des programmes d'affiliation. J'avais trois entreprises de e-commerce qui vendaient des produits physiques et des produits numériques. J'avais une entreprise de logiciels en tant que service (SaaS). J'ai une société d'auto-édition en ligne, dont ce livre est le fruit le plus récent.

Dans les pages suivantes, tu découvriras comment tisser l'autodiscipline dans ton tissu entrepreneurial pour t'aider à réussir en affaires. En me servant de ma propre expérience de l'entrepreneuriat réussi et de la recherche scientifique actuelle, je vais parler des défis auxquels font face les entrepreneurs débutants et chevronnés. Nous parlerons non seulement de la façon de développer, mais aussi de maintenir l'autodiscipline. Tu apprendras comment surmonter les tentations courantes des entrepreneurs et comment faire face à certains des défis les plus communs qui en freinent plusieurs dans leur parcours.

Le but principal du livre est de t'aider à développer l'autodiscipline et la détermination en tant que propriétaire d'une petite entreprise. Je ne suis pas là pour te dire comment réaliser un million d'euros en cinq étapes faciles ou construire une entreprise qui fait un chiffre d'affaire à sept zéros avec mon plan à toute épreuve. Je ne suis pas un gourou des affaires. En fait, je n'en toucherais pas un mot, bien au contraire ; mon but est de t'aider à devenir un entrepreneur plus discipliné et non pas te dire comment diriger une entreprise.

Puisque ce livre peut aider tout type de personne qui travaille à son compte, j'utiliserai de manière interchangeable des mots comme « entrepreneur », « travailleur indépendant » et « homme d'affaires » sans faire de distinction entre ces termes.

À la fin de chaque chapitre, j'inclurai les trois implications les plus importantes. Elles ne sont pas ici pour décorer. Ne te contente pas de les lire, agis. C'est la seule façon dont ce livre te servira.

Je termine également chaque chapitre par un récapitulatif pour t'aider à réviser les informations les plus importantes. La répétition permet de conserver et de revoir les informations.

Enfin et surtout, un mot d'avertissement : le conseil que tu vas découvrir n'est pas gravé dans la pierre. Je ne crois pas aux absolus et je ne prétends pas avoir toutes les réponses. Considère les conseils de ce livre comme des idées à tester dans ta propre vie, mais n'aie pas peur d'essayer une approche différente. Ni l'entrepreneuriat ni l'autodiscipline n'est une science exacte. Différentes choses peuvent fonctionner pour différentes personnes.

Maintenant, parlons de la première partie, la plus importante du développement de l'autodiscipline en tant qu'entrepreneur (ou toute autre activité, d'ailleurs.).

Chapitre 1 : Pourquoi es-tu un entrepreneur ?

Si tu espères développer ton autodiscipline en tant qu'entrepreneur, tu dois avoir une forte motivation pour le *devenir* et le *rester*. L'entrepreneuriat n'est pas un chemin facile. S'il n'y a pas de motivation forte pour t'aider à continuer quand les choses sont difficiles, tu seras toujours en difficulté.

Dans ce chapitre, nous aborderons trois types de motivation ; extrinsèque, intrinsèque et prosociale. Nous verrons comment ils peuvent t'aider à maintenir ton autodiscipline quand tu les associes afin de créer un puissant moteur pour tes efforts d'entrepreneurs.

Ne pense pas à ta motivation comme à une pilule magique. C'est le fondement de tout, mais ce n'est pas tout. Pour construire une maison il faut commencer par une fondation, mais cela ne s'arrête pas là. Ayant cela à l'esprit, passons aux trois types de motivation et comment ils peuvent t'aider à rester discipliné en tant qu'entrepreneur.

La motivation extrinsèque

Tu as peut-être commencé à rêver d'entrepreneuriat après avoir vu une voiture haut de gamme dans la rue, une vidéo d'un manoir luxueux ou des images de paradis tropicaux lointains.

Peut-être que tu veux devenir entrepreneur en raison du statut de PDG dans ton entreprise, diriger une startup, ou te retrouver parmi les puissants et les riches.

Peut-être que tu as une entreprise parce que tu aimes voir des nombres de plus en plus grands sur ton compte bancaire ou que tu apprécies la sensation d'une liasse de billets dans ton portefeuille.

Toutes ces choses sont une manifestation de *motivation extrinsèque*, qui est motivée par une récompense, généralement matérielle.

Les psychologues Richard M. Ryan et Edward L. Deci définissent la motivation extrinsèque comme « une construction qui se rapporte à une activité effectuée afin d'atteindre un résultat séparable ».[1]

En termes simples, avec la motivation extrinsèque, il s'agit de l'aspect pratique et du résultat final lui-même. Quand tu veux obtenir une récompense, tu es extrinsèquement motivé. Tu es également motivé extrinsèquement lorsque le résultat souhaité est d'éviter une forme de punition. Les notes à l'école sont une forme de motivation extrinsèque servant à la fois de récompense ou de punition.

Alors que la motivation extrinsèque est le type de motivation le plus courant, elle est aussi le plus faible. Elle ne sera pas suffisante pour t'aider à maintenir ton autodiscipline à long terme. Elle est plus faible que la motivation venant de l'intérieur (dont nous parlerons plus tard) parce qu'elle n'est pas liée à soi mais à des récompenses externes. Si la récompense a disparu ou si le danger de punition disparaît, la motivation s'éteint.

Pour un jeune entrepreneur, la motivation extrinsèque peut être d'échapper à l'inconfort d'avoir un emploi de jour. Ce type de motivation est souvent plus fort qu'une motivation positive, comme le désir de posséder une voiture chère ou de vivre dans une grande maison, parce que le besoin d'échapper à la douleur peut être plus fort que le besoin de posséder quelque chose.

Les objectifs extrinsèques qui consistent à obtenir une récompense, comme une nouvelle voiture luxueuse, une villa, des vacances ou un statut social, te motiveront mais une fois que tu les auras (ou cesseras de les désirer avant de les atteindre), tu devras trouver de nouveaux motivateurs. Ce n'est pas un bon facteur de motivation si c'est transitoire, tu ne crois pas ?

Pendant un temps, je voulais acheter une voiture spécifique. Quand je l'ai prise pour l'essayer, je n'ai pas aimé sa conduite. Elle était toujours aussi chouette, mais soudainement je ne la désirais plus. Si cela avait été ma principale motivation pour travailler sur mon entreprise, j'aurais dû tout arrêter parce que je ne l'aimais plus autant.

Même si je l'avais appréciée et achetée, quelques mois plus tard je n'aurais plus été motivé car les choses matérielles ont tendance à vieillir rapidement. Quand nous acquérons ce que nous voulons, nous devenons rassasiés. Après avoir acheté la voiture, j'aurais dû trouver un nouveau jouet que je désirais, restant ainsi dans une roue de hamster à acheter de nouvelles choses pour un plaisir temporaire.

Pour cette raison, je ne recommande pas que les motivations extrinsèques soient tes principales raisons de démarrer ou de développer ton entreprise. Fais une liste de toutes les bonnes choses que tu aimerais avoir, mais sache qu'elles ne sont pas les plus fortes motivations que tu puisses avoir.

J'aime utiliser la motivation extrinsèque sous la forme de punition, aussi appelée *motivation push*. Je connais un entrepreneur qui fait des chèques de 100 euros à ses amis , en leur disant de les encaisser s'il ne termine pas une tâche commerciale spécifique qu'il remet constamment à plus tard.

Même si tu adores exécuter des tâches liées aux affaires, il y en aura toujours des désagréables à faire. Te motiver à les faire pour échapper à la punition peut bien fonctionner, tant que la punition est pire que la tâche à accomplir.

Avoir une liste de toutes les choses que tu veux acheter, les endroits que tu veux visiter, ou le statut que tu apprécierais peut être utile, mais cela ne correspondra jamais à la puissance de ...

La motivation intrinsèque

Peut-être as-tu démarré une entreprise parce que tu pensais que le fait d'être un employé entravait ton sens de l'autonomie ou te tuait de l'intérieur.

Peut-être que tu es un entrepreneur ou que tu veux le devenir parce que tu as envie de défis et de croissance personnelle et que tu veux un contrôle total sur ta vie.

Peut-être que tu as une entreprise parce que tu veux réaliser ton potentiel et que tu sais qu'il est impossible de le faire en travaillant pour quelqu'un d'autre.

Ou peut-être que tu aimes simplement être un entrepreneur et que tu y as toujours été accro.

C'est *la motivation intrinsèque*. Elle est plus forte que la motivation extrinsèque parce qu'elle vient de toi et ne dépend pas d'une récompense ou d'une punition externe.

Les psychologues Richard M. Ryan et Edward L. Deci définissent la motivation intrinsèque comme « le fait de faire une activité pour ses satisfactions inhérentes plutôt que pour une conséquence séparable. Lorsqu'elle est intrinsèquement motivée, une personne est amenée à agir pour le plaisir ou le défi que cela implique plutôt qu'à cause d'incitations, de pressions ou de récompenses externes. »[2]

La motivation intrinsèque concerne ce que tu ressens à l'intérieur. Cela peut être un sentiment d'amusement, de défi ou le besoin d'indépendance et de contrôle. Si tu veux devenir un entrepreneur autodiscipliné, le facteur de motivation intrinsèque le plus fort que tu trouveras jamais est l'indépendance.

Rien n'a meilleur goût que la capacité de faire ce que tu veux, quand tu veux, où tu veux et avec qui tu veux. Aucune voiture, villa, vêtements de créateurs ou bijoux ne soutiendra ton autodiscipline davantage que le sentiment addictif d'être le maître de ta vie.

Note que ce n'est évidemment pas la conclusion d'une étude scientifique. Cependant, si tu regardes les entrepreneurs qui réussissent, tu trouveras un lien commun entre la quasi-totalité d'entre eux. Ils sont animés par le désir d'avoir la liberté de faire ce qu'ils veulent, pas par la nécessité de se montrer avec une nouvelle voiture de luxe ou une villa tape-à-l'œil.

Un bon exemple pour illustrer cela est le milliardaire britannique Richard Branson qui a dit : « Ma règle d'or pour les affaires et la vie est : nous devrions tous apprécier ce que nous faisons et faire ce que nous aimons. »[3]

Le milliardaire canado-américain Elon Musk se réfère aussi souvent à sa motivation intrinsèque. Il est motivé par les défis. Dans ses termes : « Je pense que la vie sur terre ne doit pas se limiter à résoudre des problèmes... elle doit être quelque chose d'inspirant même si elle est vécue par procuration ».

Il croit aussi au plaisir : « Les gens travaillent mieux quand ils savent quel est le but et pourquoi. Il est important que les gens soient impatients de venir travailler le matin et qu'ils aiment travailler. »[4]

L'amélioration constante est encore un autre type de motivation intrinsèque qui peut te permettre d'être constant toute ta vie. Comme l'a dit Sergey Brin, cofondateur de Google, l'amélioration n'a pas de limites : « Il est clair qu'il y a beaucoup de place pour l'amélioration, nous ne heurtons aucun plafond inhérent. »[5]

Un mot d'avertissement concernant la motivation extrinsèque et intrinsèque :

En raison de l'effet de surjustification, les facteurs de motivation extrinsèques comme l'argent ou les prix peuvent *diminuer* la motivation intrinsèque d'une personne à accomplir une tâche.[6] L'activité cesse d'être basée sur le plaisir, le défi personnel ou la croissance de soi et devient purement basée sur les choses tangibles que tu peux en tirer.

Par exemple, dans le sport, la performance de nombreux athlètes professionnels diminue après la signature d'un contrat de plusieurs millions de dollars. Leur « soif » disparaît du jour au lendemain. Pour cette raison, il est d'une importance vitale de donner la priorité à la motivation intrinsèque plutôt qu'à la motivation extrinsèque et de ne pas donner trop de poids aux récompenses externes.

Lorsque tu compares la motivation intrinsèque, source inépuisable d'inspiration, à la motivation extrinsèque qui est éphémère, il est clair que la motivation intrinsèque te servira plus longtemps et plus efficacement.

Cependant, il y a encore une autre façon de te garantir que tu continueras malgré les obstacles et que tu resteras persévérant, peu importe les difficultés. C'est...

La motivation prosociale

Les psychologues pourraient argumenter que les deux seuls types de motivation « légitimes » sont la motivation extrinsèque et intrinsèque. Cependant, il existe un troisième type de motivation qui n'est ni extrinsèque ni intrinsèque.

Si tu veux développer ton entreprise parce que tu veux subvenir aux besoins de ta famille, tu es motivé socialement, pour le bénéfice de tes proches.

Si tu diriges ce que l'entrepreneur Yanik Silver appelle une « entreprise évoluée » (une entreprise qui lie son existence à un but charitable spécifique),[7] tu pourrais être motivé par le besoin d'aider les nécessiteux, l'environnement ou autrement améliorer le monde.

Le Professeur Adam Grant, auteur bestseller de *Give and Take : A Revolutionary Approach to Success,* suggère dans un article sur la motivation intrinsèque et les comportements prosociaux que le désir d'aider les autres nous pousse à faire un effort supplémentaire.[8]

Elle est plus efficace comme motivateur que la motivation intrinsèque seule, mais pour de meilleurs résultats, tu dois combiner les deux. Selon les mots de l'auteur, « les employés affichent des niveaux plus élevés de persistance, de performance et de productivité lorsqu'ils éprouvent des motivations prosociales et intrinsèques en tandem ».

Lorsque tu démarres ton entreprise ou que tu la fais grandir, trouve une raison prosociale pour le faire. Cela pourrait être au profit d'une cause spécifique ou d'un groupe de personnes.

Pense à lier la performance de ton entreprise aux causes que tu souhaites soutenir. Par exemple, le marché en ligne californien Sevenly fait don de 7%

de son chiffre d'affaires à des causes caritatives. En cinq ans, il a recueilli plus de 4 millions de dollars pour soutenir et faire connaître les causes qu'il soutient.[9]

À un moment donné, ajouter plus de chiffres à ton compte bancaire n'améliorera pas ton bonheur. Par conséquent, ce ne sera plus aussi motivant qu'au début. Une personne qui passe de 20 000 euros à 60 000 euros par an sera probablement beaucoup plus heureuse. Une personne qui gagne 5 millions de dollars par an ne se sentira pas différente quand elle commencera à en gagner six, sept ou huit.

Selon les chercheurs de Princeton Angus Deaton et Daniel Kahneman, le seuil est un revenu annuel d'environ 75 000 euros. Après avoir passé ce cap, gagner plus d'argent peut améliorer ta perception de ta vie, mais cela ne va pas aider à améliorer ton bien-être émotionnel.[10] Évidemment, ce nombre est pour les États-Unis et peut être inférieur ou supérieur selon l'endroit où tu vis ; c'est environ 150 % du salaire médian national.

Après avoir passé le cap des 75 000 euros par an, l'argent pourrait cesser d'être un puissant facteur de motivation. Cependant, cela ne s'applique pas à la motivation prosociale. Tu peux toujours consacrer plus de ressources pour soutenir tes causes charitables préférées. Cela ne vieillit pas, ne devient pas inutile et a toujours un impact direct, plutôt que de simplement dépenser plus d'argent pour de nouveaux jouets.

Si tu n'es pas inspiré par la charité, tu n'es pas obligé de soutenir des organisations. Cela ne doit pas nécessairement concerner l'argent. Ta motivation prosociale peut être dédiée uniquement à une personne qui devient ton « qui » au lieu de « pourquoi » ; la personne qui bénéficiera de ton succès. Dans la plupart des cas, ce seront tes proches : tes enfants, ton conjoint, tes frères et sœurs ou tes parents.

Par exemple, ma motivation prosociale la plus forte pour réussir en affaires était de gagner assez d'argent pour aider mes parents à réaliser leur rêve de s'installer à la campagne.

Mes motivations extrinsèques n'ont jamais été aussi motivantes que cet objectif. Même mes motivations intrinsèques puissantes n'étaient pas aussi importantes que la motivation d'aider mes parents, qui ont passé tant d'années à s'occuper de moi pour s'assurer que j'aie tout ce dont j'avais besoin pour réussir dans la vie.

Pour un parent, un motivateur prosocial primaire peut être le besoin de passer autant de temps qu'il le souhaite avec son enfant. Une entreprise prospère peut générer des revenus, mais elle peut aussi offrir quelque chose de plus précieux ; beaucoup de temps libre.

Quelle que soit la personne que tu veux soutenir, je ne saurais trop insister sur le pouvoir de la motivation prosociale. Pense au-delà de toi-même.

Trois implications clés à prendre en compte

Maintenant que tu connais trois types de motivation, tu pourrais te demander comment les appliquer dans ta vie. Les trois plus importantes implications pratiques sont :

1. Change « Lamborghini » avec « Liberté »

Beaucoup de gourous de développement personnel affirment que le facteur de motivation le plus puissant que tu puisses avoir est de créer un tableau de vision et de le regarder tous les jours pour te rappeler pourquoi tu poursuis tes objectifs. Je ne dirai pas que cette stratégie ne marche pas ; elle fonctionne, bien qu'elle ne soit pas aussi puissante que les raisons moins tangibles du succès entrepreneurial, comme la liberté et l'indépendance qu'il te donnera.

Une voiture ne peut procurer qu'un bonheur éphémère. La liberté, une fois atteinte, procurera une jouissance et une inspiration permanentes. Contrairement à une voiture neuve, elle ne vieillit jamais et s'améliore avec le temps.

Motive-toi à l'aide de récompenses si tu le souhaites, mais fais-le en complément de tes motivations intrinsèques et prosociales principales. Trouve ces motivateurs maintenant.

2. Utilise la motivation Push pour résoudre la procrastination

La motivation push repose sur des facteurs externes qui t'obligent à accomplir une tâche spécifique pour éviter une certaine conséquence. Cela ne fonctionne pas correctement de garder ta motivation à long terme (demande à n'importe quel étudiant n'importe où dans le monde), mais il peut être utile de créer une motivation pour surmonter la réticence à commencer à travailler sur une tâche que tu as remise à plus tard depuis longtemps.

Établir des enjeux financiers fonctionne particulièrement bien car ils sont faciles à mettre en place et douloureux si tu ne parviens pas à y donner suite. Un autre type de motivation push peut être un groupe de responsabilisation ou un coach qui te demandera des rapports hebdomadaires et te donnera du fil à retordre si tu ne parviens pas à accomplir ce que tu avais promis.

Trouve un moyen de te responsabiliser ou de t'engager à exécuter des tâches difficiles que tu remets toujours à plus tard.

3. Dépasse-toi

Fais en sorte que tes objectifs ne concernent pas que toi. Inclus les autres, qu'ils soient tes proches, des étrangers dans le besoin, des animaux, l'environnement, la science ou les arts. Quelle que soit la cause en laquelle tu crois, une motivation prosociale renforcera ta détermination.

Disons-le comme ceci : n'importe qui sauterait dans une rivière dangereuse pour sauver leur enfant qui se noie, alors que peu de gens sauteraient dans la même rivière agitée pour récupérer un billet de 100 euros.

Il n'y a pas et il n'y aura jamais un motivateur plus puissant que d'étendre ton objectif au-delà de toi-même. Lorsque tu combines cela avec un ensemble de motivations intrinsèques et que tu le soutiens de temps en temps avec des punitions extrinsèques, tu auras une base solide sur laquelle tu pourras construire une autodiscipline à long terme.

Si tu as déjà une liste de motivations, demande-toi comment tu peux les étendre aux autres. Garde cela à l'esprit chaque fois que tu te sens découragé ou tenté d'abandonner.

POURQUOI ES-TU UN ENTREPRENEUR : RÉCAPITULATIF

1. Pour renforcer ta détermination à réussir, la première étape consiste à découvrir tes motivations. Si tu connais une ou plusieurs raisons importantes pour lesquelles tu veux que ton entreprise fonctionne, tu auras moins tendance à abandonner ou à ralentir lorsque tu rencontreras des obstacles.

2. La motivation extrinsèque concerne les choses du monde extérieur : les voitures, les maisons, la taille de ton compte bancaire, le statut, l'envie et d'autres types de récompenses similaires. Il s'agit aussi d'échapper à la punition. Ce type de motivation est utile, mais pas autant que la motivation intrinsèque et prosociale.

3. La motivation intrinsèque vient de l'intérieur. Il s'agit de s'amuser à faire quelque chose, le défi, la croissance, l'indépendance, la liberté ou le contrôle de ta vie.

Si tu utilises l'indépendance comme guide, contrairement à l'achat d'une voiture chère qui deviendra ennuyeuse quelques mois après l'achat, elle deviendra une source d'inspiration permanente et renouvelable pour te permettre de travailler et de grandir en tant qu'entrepreneur.

4. La motivation prosociale est la motivation la plus forte. Si tu construis une entreprise non seulement pour te faire du bien, mais aussi pour les autres, tu seras plus persévérant, productif et efficace. En associant une raison socialement motivée et ta motivation intrinsèque, tu obtiendras une base solide pour l'autodiscipline.

Chapitre 2 : Créer un style de vie centré sur l'autodiscipline

Il peut être plus facile de maintenir son autodiscipline en tant qu'entrepreneur si tu structures ta vie d'une manière qui lui soit favorable. Dans ce chapitre, nous parlerons de différentes façons de changer ton état d'esprit et tes comportements par défaut pour prospérer en tant qu'entrepreneur, même lorsque tu te trouveras dans des circonstances moins qu'idéales.

Beaucoup de ces changements sont simples, mais pas nécessairement faciles. Cependant, faire un effort en vaudra bien les avantages : acquérir plus d'autodiscipline, devenir plus persistant et vivre une vie plus heureuse.

Cherche de bons conseils

Si tu n'as pas beaucoup d'amis entrepreneurs, tu risques de te sentir seul ou mal compris. Un manque de soutien ou un soutien inadéquat ne facilite pas le maintien de l'autodiscipline et la persévérance. Pour cette raison, il est crucial de faire attention à ton environnement social.

Les personnes les plus proches de toi, comme tes amis et ta famille, ont le plus grand impact sur toi. L'entrepreneur et conférencier motivant Jim Rohn a dit : « Tu es la moyenne des cinq personnes avec qui tu passes le plus de temps. »

Il n'y a pas de recherche scientifique prouvant que c'est exactement cinq personnes, mais il y a des recherches suggérant que nous pouvons en effet adopter de nouveaux comportements uniquement par l'observation. C'est ce qu'on appelle *la théorie de l'apprentissage social* qui stipule que nous apprenons de notre environnement immédiat.

Le créateur de la théorie, Albert Bandura, suggère que les gens peuvent apprendre en observant un comportement d'une autre personne de trois façons :[11]

- Un modèle vivant ; dans lequel nous voyons directement une autre personne démontrant un certain comportement,

- L'instruction verbale ; dans laquelle nous sommes chargés par une autre personne de nous engager dans un certain comportement,

- La symbolique ; dans laquelle nous modélisons des comportements de personnages réels ou fictifs de films, de télévision, d'Internet, de littérature et de radio.

Ce qui est important à prendre en compte, c'est que nous pouvons acquérir des comportements indésirables inconsciemment. Par exemple, la recherche montre que les enfants et les jeunes adultes qui jouent à des jeux vidéo violents manifestent un comportement plus agressif.[12] Regarder un programme violent à la télévision est également corrélé avec un comportement agressif.[13] Cependant, lorsque tu les questionnes, peu (voire aucun) conviendraient qu'ils ont inconsciemment appris à être plus agressifs.

Maintenant, qu'est-ce que tout cela a en commun avec toi, un entrepreneur qui veut devenir plus discipliné ?

Cela montre que ton entourage immédiat, y compris tes amis, ta famille et le contenu médiatique que tu ingères quotidiennement, peut affecter ton degré de discipline, et que cela peut se produire sans ta participation consciente.

Par conséquent, assure-toi d'obtenir des conseils qui favorisent des comportements et des habitudes réussis et non destructifs. Si tu traînes avec des gens paresseux dont le but principal dans la vie est de faire la fête tous les week-ends, ne t'attends pas à obtenir beaucoup de succès en affaires. D'un autre côté, si tu passes beaucoup de temps avec des entrepreneurs prospères, tu en deviendras probablement un bientôt.

En plus de cela, le psychologue social Roy F. Baumeister suggère que les émotions positives peuvent potentiellement reconstituer la volonté.[14] Les amis pleurnichards sans ambition ne sont pas susceptibles de susciter beaucoup d'émotions positives chez toi, alors que les gens axés sur la croissance le font. Dans l'ensemble, il y a beaucoup à gagner en faisant attention à ton environnement social, n'est-ce pas ?

Les trois étapes les plus importantes pour transformer ton environnement social en un environnement plus stimulant sont :

1. Filtrer tes amis

Sépare tes amis en deux groupes : ceux qui t'aident à grandir et ceux qui te tirent vers le bas. Puis réduis ou arrête de passer du temps avec le deuxième groupe.

D'accord, j'avoue que cela semble un peu cruel, mais écoute une petite histoire.

J'ai un ami d'enfance qui vient d'une famille bourgeoise bien éduquée. C'était un gentil garçon qui se tenait à l'écart des problèmes. Quand j'ai déménagé dans un pays étranger pendant quelques mois, nous avons perdu contact. Pendant ce temps, il s'était fait de nouveaux amis, des gens paresseux et peu ambitieux que tu ne voudrais pas voir traîner avec ton enfant.

Peu après, il a commencé à fumer, buvant plus d'alcool qu'avant et se livrant à d'autres comportements irresponsables. J'ai eu du mal à accepter cette nouvelle personnalité. Je ne pouvais pas l'aider à changer ses habitudes à cause de l'énorme influence que ses autres amis avaient sur lui.

Ce n'est que lorsqu'il a rompu contact avec ces amis destructeurs qu'il a cessé de s'engager dans des comportements négatifs. Ce n'est qu'après cela que nous avons pu, jusqu'à un certain degré, faire revivre notre amitié et qu'il a commencé à reconstruire sa vie. Je suis sûr que s'il n'avait pas décidé de couper les liens avec ces personnes, il serait toujours là, assis sur un banc, à fumer des substances illégales voire à vendre de la drogue.

Cela te semble-t-il toujours cruel de filtrer tes amis ? De toute évidence, la plupart d'entre nous ne traînent pas avec les trafiquants de drogue ou les drogués paresseux. Cependant, n'oublie pas que toutes sortes de comportements dans notre environnement immédiat peuvent nous affecter. Si tes amis les plus proches ne pensent pas à l'avenir, cherchent toujours le confort immédiat et la sécurité et n'agissent jamais sur leurs objectifs (si même ils en ont), qu'apprendras-tu d'eux ?

Ton cercle social ne doit pas nécessairement être composé uniquement d'entrepreneurs. Ce n'est pas tant l'entrepreneuriat que le fait d'être avec des gens qui t'améliorent. J'ai un ami qui est un employé modèle, alors que je suis un entrepreneur inemployable. Cependant, il veut grandir en tant que personne et c'est quelque chose de positif que tu dois avoir dans ta vie.

Assure-toi que ton cercle social contribue à ta croissance et arrache régulièrement les mauvaises herbes. Ça ne sert à rien de passer du temps avec des gens qui ne veulent pas que tu t'améliores.

Garde cependant à l'esprit que je ne condamne pas les amis girouettes et que je ne juge pas de sang-froid qui devrait être autorisé dans ta vie. Il ne s'agit pas de laisser des amis qui ont des problèmes parce que leurs problèmes peuvent t'affecter ou d'éviter ceux qui ont moins de succès que toi. Il s'agit de filtrer les gens qui sucent toute ton énergie, envient ton succès et sabotent tes efforts d'amélioration.

2. Éviter les médias traditionnels

Dans le but de maintenir ma santé mentale et ma vision positive du monde, je n'ai que très peu regardé les informations pendant des années. La prémisse générale est d'éviter toutes sortes de nouvelles improductives, en particulier les mauvaises nouvelles des médias traditionnels.[15] Je ne me souviens pas de la dernière fois que j'ai accédé à un site d'actualités ou acheté un journal pour lire ce qui se passe dans le monde. Et je me sens très bien.

Les médias se nourrissent de négativité, de peur, de violence et de haine. Tu ne me crois pas ? Ouvre n'importe quel journal ou consulte un site d'actualités et compte les titres positifs et négatifs. Bonne chance pour trouver plus de quelques nouvelles positives parmi un océan d'attaques terroristes, d'accidents, de catastrophes naturelles, de querelles politiques, de crises financières et de toute autre forme de négativité.

Consommer de mauvaises nouvelles tous les jours est non seulement une perte de temps mais constitue également une menace pour ton bien-être général. La recherche montre que regarder des nouvelles négatives t'inquiète davantage, ce qui exacerbe tes inquiétudes et angoisses personnelles.[16]

Comment t'attends-tu à être persévérant et discipliné avec une attitude aussi négative ?

De plus, les médias gonflent considérablement la perception du risque d'une personne ordinaire. Quand tu lis des événements tragiques tous les jours, il est facile de croire que le monde est un endroit dangereux, ce qui peut te rendre réticent au risque. Puisque l'incertitude et la prise de risque sont des nécessités pour chaque entrepreneur, la consommation de mauvaises nouvelles affecte directement les résultats que tu obtiens en tant qu'homme ou femme d'affaires.

Cesse de consommer de l'information hypercalorique, reste à l'écart des nouvelles, des potins et de la peur. Si quelque chose d'important se produit dans le monde, tu en entendras parler de toute façon, par tes amis ou ta famille. Pour le reste, pourquoi remplir ta vie de tant de négativité ?

3. Nourrir ton esprit de positivité

Grâce à internet, il est tout aussi facile de trouver des contenus positifs que négatifs. La plupart des gens s'en tiennent au négatif, mais maintenant tu sais que le choix le plus intelligent est de l'ignorer et de se concentrer sur le positif.

Au lieu de passer du temps sur des sites d'informations ou de potins, trouve des sites qui favorisent la positivité, le bonheur et la croissance personnelle. Rejoins des forums pour les personnes qui veulent s'améliorer ou améliorer leurs entreprises. Lis des blogs sur le développement personnel. Regarde des vidéos motivantes.

Il ne s'agit pas nécessairement de te gonfler. L'objectif est de nourrir quotidiennement ton esprit avec des contributions positives pour encourager le développement de convictions et d'habitudes productives.

Entoure-toi également de positivité dans ton monde extérieur. Passe plus de temps avec des gens heureux qui te font sourire. Va là où les gens positifs passent du temps. Lis des livres qui encouragent l'espoir, l'inspiration et l'optimisme.

Tu n'as pas à tout voir à travers des lunettes roses ou à nier que de mauvaises choses se produisent. L'idée est de te nettoyer de tous les aspects négatifs et de les remplacer par des choses plus propices à la croissance.

Plus tu as de modèles positifs, tels que les gens, les livres, les sites Web, les films, la musique, plus tu deviendras positif. Cela se traduira par plus de persévérance, d'autodiscipline et de volonté, peu importe les circonstances de ta vie.

Évite ces cinq comportements négatifs à tout prix

Les comportements négatifs régulièrement répétés peuvent t'entraîner à agir d'une manière qui n'est pas propice à ton succès entrepreneurial. Voici cinq actions destructrices à éliminer immédiatement de ta vie :

1. Se plaindre

Se plaindre est la quintessence de la perte de temps. Au lieu de travailler sur la solution à un problème, tu dis à quel point c'est faux, injuste ou mauvais pour toi.

Savais-tu que te plaindre peut causer des dommages importants à ton esprit et à ton corps ? Dans un entretien avec *Stanford News*, le neuroscientifique Robert Sapolsky souligne que l'exposition quotidienne à des facteurs de stress non mortels déclenche la libération inutile d'adrénaline et d'autres hormones de stress, qui, avec le temps, contribuent à beaucoup de causes de décès dans le monde occidental.

Dans ses termes : « Si tu envisages de te stresser comme un mammifère normal, tu ferais mieux d'activer la réponse au stress sinon, tu es mort. Mais si tu es stressé de manière chronique, psychosociale, comme un humain occidentalisé, alors tu es plus à risque de maladie cardiaque et de certaines des autres principales causes de décès dans la vie occidentalisée. »[17]

La recherche de Sapolsky suggère que les hormones du stress causent l'atrophie de l'hippocampe, la partie du cerveau associée principalement à la mémoire à long terme. Imagine que te plaindre fasse vraiment diminuer une partie de ton cerveau, qu'en penserais-tu ?

Le conférencier motivant Les Brown a publié ces mots sur sa page Facebook :

« Refuser de se plaindre. Se plaindre est juste une façon de ne pas prendre ses responsabilités, de justifier de ne rien faire et de se programmer à échouer. Se plaindre crée l'illusion que tu as fait quelque chose. Au lieu de cela, mets toute ton énergie dans l'amélioration de ta situation. Lorsque tu trouves des façons d'être productif et de maintenir un sentiment d'optimisme, tu démontres que tu contrôles ta propre vie.

« Les plaignants se concentrent sur ce qui s'est passé et abandonnent leur pouvoir. Les gagnants se concentrent sur la réalisation de choses et utilisent leur pouvoir pour trouver des solutions à leurs problèmes. Tu es né pour créer quelque chose de magnifique avec ta vie ! Réfléchir en terme de solutions te donne ce pouvoir. »[18]

En tant qu'entrepreneur, ton travail consiste à résoudre des problèmes. Se plaindre ne résout absolument rien. Remplace la négativité par une liste de solutions possibles et agis. Prends l'habitude de prendre l'initiative plutôt que de te victimiser.

En parlant de cela, la deuxième habitude négative est ...

2. L'abandon

La vie entrepreneuriale est une montagne russe constante pour tout nouvel entrepreneur. Il est fréquent de se sentir résigné quand tu te retrouves dans un gouffre après avoir été au sommet.

Cependant, plus tu rumines sur tes échecs, plus tu t'enfonces dans un état d'esprit dépressif qui peut t'amener à abandonner plutôt qu'à travailler sur tes objectifs.

J'ai eu plus que ma juste part d'échecs en tant qu'entrepreneur. J'ai été endetté. Mes entreprises ont échoué du jour au lendemain. J'ai investi des milliers d'euros et d'innombrables heures dans des projets qui ont été un désastre complet.

Chaque fois que je recevais un coup, j'étais réticent à essayer à nouveau. Cependant, en ne me permettant pas de passer plus d'un jour ou deux dans une telle stupeur, j'ai toujours réussi à me relever, à me dépoussiérer et à réessayer. Sans exception, ce qui m'a aidé était de me tourner vers l'espoir et l'inspiration et de m'éloigner de la fatalité de m'en remettre au destin.

Chaque fois que tu te sens déprimé, n'hésite pas à te sentir mal pendant un moment si c'est ce dont tu as besoin, mais ensuite, aussi difficile soit-il, commence à concevoir un autre plan. Fais une liste des mesures que tu prendras pour la prochaine fois.

3. La jalousie

Quand tu es jaloux du succès des autres, il est facile de penser « oh, c'était facile pour lui » ou de trouver d'autres moyens de discréditer le succès de quelqu'un ou de trouver des excuses autres que la simple persévérance et le dévouement.

Si tu considères que les personnes qui réussissent sont « chanceuses », quel genre de message ton subconscient reçoit-il ? Dans quelle mesure serais-tu persévérant si, au fond, tu pensais que la réussite entrepreneuriale était une affaire de chance, de privilèges ou d'immoralité ?

Ton subconscient travaillera contre toi si au fond tu es jaloux et méprises les gens qui réussissent.

Remplace l'envie par l'appréciation. Chaque fois que tu entends parler d'une personne qui prospère, regarde-la comme une figure de réussite. Mieux encore, commence à cotoyer des gens qui réussissent et apprends d'eux.

4. Mentalité de manque

La mentalité de manque, c'est de penser que le succès est un jeu à somme nulle. S'il y a un gâteau sur la table et que tu en prends une grosse part, il y aura moins de gâteau pour les autres.

Cela s'applique peut-être aux gâteaux, mais cela ne s'applique pas au succès.

Partager tes connaissances avec les autres ne te rend pas moins intelligent. Aimer un de tes enfants ne veut pas dire qu'il y a moins d'amour pour tous les autres. Et si tu deviens un entrepreneur prospère, cela ne signifie pas que quelqu'un d'autre a dû faire faillite.

La mentalité d'abondance est le contraire de la mentalité de manque. C'est la conviction qu'il y a toujours plus à faire, que tu peux toujours créer plus et que tu peux accomplir plus avec l'aide des autres au lieu de rivaliser avec eux pour des ressources qui soit-disant manquent.

Le plus jeune professeur permanent de Wharton, Adam Grant, écrit dans son livre bestseller *Give and Take: Why Helping Others Drives Our Success*, « C'est ce que je trouve le plus magnétique chez les donateurs qui réussissent : ils arrivent au sommet sans réduire les autres, trouvent des moyens d'élargir la part qui profite à eux-mêmes et à leur entourage. Alors que le succès est à somme nulle dans un groupe de preneurs, dans des groupes de donneurs, il peut être vrai que le tout est supérieur à la somme des parties. »[19]

Toi aussi, tu peux profiter de cet effet synergique si tu te concentres sur le don et le partage des ressources au lieu de tout accumuler pour toi-même.

Dans son livre bestseller *Make It Big: 49 Secrets for Building a Life of Extreme Success,* Frank McKinney, un investisseur immobilier couronné de succès, écrit : « Quand tu donnes plus que ce que tu espères recevoir, tu as une certaine force en toi. Tu cesses d'être un comptable en essayant toujours de garder des points, et deviens plutôt un philanthrope, sachant qu'il y a assez pour pouvoir être généreux. Et finalement, avec cette attitude, tu reçois tout autant. »[20]

Aussi contre-intuitif que cela puisse paraître, pour avoir plus, il faut donner plus. Au lieu d'aller chercher, donne, et tu iras beaucoup plus loin.[21]

5. Abandonner tôt et régulièrement

Tu renforces ce que tu répétes régulièrement. Si tu as l'habitude d'abandonner tôt, tu auras du mal à persévérer.

Si tu perds rapidement ton enthousiasme en apprenant une nouvelle compétence, pourquoi serait-ce différent lorsque tu démarres une entreprise ou que tu testes de nouvelles idées d'entreprise ?

Si tu jètes l'éponge au moment où tu fais face à un obstacle, comme par exemple si tu ne sais pas comment faire quelque chose, tu t'entraînes à devenir impuissant.

Selon une thèse de Diana Lynn Bartolotta à la Carnegie Mellon University, les optimistes travaillent plus longtemps à des tâches qu'ils jugent importantes.[22] Ce qui est intéressant, c'est que les pessimistes persistent plus longtemps lorsqu'ils sont confrontés à des tâches sans importance alors que les optimistes ont tendance à abandonner plus rapidement lorsqu'ils perçoivent une tâche comme insignifiante.

Bartolotta conclut le document de recherche en disant, « un pessimiste est plus susceptible de perdre son temps et son énergie sur des tâches triviales, tandis qu'un optimiste conserve son temps et son énergie pour les tâches les plus importantes. Par conséquent, les optimistes s'en sortiront mieux sur des tâches plus importantes. »

Développe une attitude plus persévérante en développant la conviction que tu peux franchir des obstacles et le faire chaque fois que tu te trouves dans une situation difficile.

Fais des activités qui exigent de la patience, apprends des compétences complexes ou mets-toi dans des situations qui exigent des compétences en résolution de problèmes. Plus tu restes longtemps avec le problème et persévères, plus il sera facile de continuer avec tes autres objectifs.

Trois implications clés à prendre en compte

Pour t'aider à mettre en œuvre les conseils de ce chapitre, voici les trois principales implications pratiques :

1. Restructure ton environnement

Pense aux personnes et aux choses qui contribuent positivement à ton environnement et aux gens et aux choses qui te donnent du mal à maintenir de l'autodiscipline ou à être optimiste.

Je suggère d'évaluer les facteurs les plus importants en utilisant une échelle de 1 à 10 (1 étant le moins négatif et 10 ayant l'impact le plus toxique) et de se débarrasser des influences négatives une par une, en commençant par celles ayant le score le plus élevé.

Ce pourrait être une personne spécifique ; une habitude qui aggrave toujours tes journées, comme te plaindre ; ou peut-être une partie de ta routine quotidienne comme te lever trop tard et ne pas avoir le temps et l'énergie pour travailler sur tes objectifs après avoir pris soin d'autres obligations urgentes.

2. Deviens proactif

Se plaindre et démissionner sont deux comportements destructeurs communs qui mènent à l'auto-victimisation.

Si tu attends que les choses se passent au lieu de les faire toi-même, il est peu probable que tu deviendras un entrepreneur prospère.

Entraîne-toi à résister à la tentation de jeter l'éponge. Au lieu de cela, prends des mesures pour résoudre le problème et apprécie-le comme un défi pour renforcer ta détermination.

Comme Arnold Schwarzenegger l'a déclaré dans un entretien pour le *Boston Globe*, « La force ne vient pas de la victoire. Tes luttes développent tes forces. Lorsque tu traverses des difficultés et décides de ne pas renoncer, c'est ça la force. »[23]

La proactivité consiste également à se préparer à d'éventuels problèmes futurs. Si tu devais suivre un régime, ne serait-il pas plus logique de te débarrasser de tous les aliments malsains dans ta maison que de puiser dans ta volonté chaque fois que tu vas dans la cuisine ?

Même si tu étais l'entrepreneur le plus autodiscipliné du monde, ne préférerais-tu pas éviter les tentations en étant proactif plutôt que d'attendre que les choses se passent ?

3. Donne davantage

L'un des pires comportements négatifs que tu puisses avoir est de penser que les ressources sont rares et que tu devrais tout garder pour toi. Lorsque tu as peur de partager tes connaissances, ton temps et ton argent avec les autres, tu construis une cage qui pourrait réussir à te transformer en avare, mais qui ne t'aidera pas à réussir à long terme.

À partir d'aujourd'hui, fais un effort pour donner davantage. Si tu es écrivain, partage gratuitement certains de tes écrits. Si tu vends des produits physiques, offre un cadeau. Partage ton expérience avec les autres sans aucune condition.

Tu éradiqueras cette mentalité de manque de ta vie lorsque tu partageras continuellement et généreusement ce que tu as avec les autres et penseras toujours en termes d'expansion des parts pour tout le monde.

CRÉER UN STYLE DE VIE CENTRÉ SUR L'AUTODISCIPLINE : RÉCAPITULATIF

1. Les gens autour de toi peuvent t'influencer de manière positive ou négative. Tu peux inconsciemment adopter les comportements négatifs et les convictions des gens autour de toi. Pour cette raison, il est important d'être conscient de qui tu t'entoures, car certaines personnes peuvent te traîner vers le bas et saboter tes efforts pour t'améliorer.

2. Si tu veux transformer ton environnement en un environnement plus puissant, filtre tes amis, évite les médias traditionnels et nourris ton esprit de positivité.

Filtrer tes amis consiste à choisir consciemment avec qui tu passes du temps. Rappelle-toi que d'autres personnes peuvent promouvoir des comportements qui ne favorisent pas ta réussite personnelle ou simplement drainer ton énergie pour leur plaisir.

Il est important d'éviter les médias traditionnels car ils contiennent presque exclusivement des nouvelles négatives conçues pour t'effrayer, te menacer et te mettre mal à l'aise. Cela gonfle également ta perception du risque. Un afflux constant de pensées négatives n'est pas bénéfique pour ton succès, ni pour quoi que ce soit d'ailleurs. Débarrasse-toi de cette torture auto-infligée.

Nourrir ton esprit avec de la positivité consiste à consommer quelque chose d'inspirant et de stimulant et à passer du temps avec des personnes qui partagent ta positivité. Cela peut être des vidéos inspirantes. Des gens heureux. Des forums de personnes qui veulent s'améliorer. C'est toi qui choisis quoi mettre dans ton esprit ; pourquoi ne pas t'assurer que c'est une contribution bénéfique qui fera de toi une personne plus heureuse et prospère ?

3. Les cinq comportements qui peuvent considérablement affaiblir ta détermination en tant qu'entrepreneur sont la plainte, la résignation, la jalousie, la mentalité de manque et abandonner tôt et souvent.

Se plaindre développe l'habitude de grogner sur les problèmes au lieu de trouver des solutions. Cela conduit également à l'auto-victimisation, qui tue la persistance.

La résignation te rend incapable d'agir. Plus tu te sens fataliste, plus il sera difficile de te relever et d'essayer de nouveau. Laisse-toi te sentir mal pendant un moment si tu en as besoin, mais n'attends pas trop longtemps pour concevoir un nouveau plan.

Attribuer le succès d'autres personnes à des choses que tu ne peux pas contrôler, comme les privilèges ou la chance, c'est comme te dire que la persistance ne marche pas. Ne t'attends pas à réussir si tu critiques les gens qui réussissent au lieu d'être reconnaissant de l'exemple qu'ils donnent aux autres.

La mentalité de manque est de penser que tout ce qui est dans ce monde est rare, et donc que tu devrais tout accumuler pour toi-même. Une telle mentalité sabotera tes objectifs parce que tu vivras dans la peur constante de perdre tes précieuses ressources limitées, et cela t'éloignera des autres parce que tu auras peur de partager tes connaissances et de collaborer.

Abandonner tôt, dans toutes sortes de contextes et pas seulement dans les affaires, développe une habitude destructrice qui garantit que tu n'obtiendras jamais d'énormes gains. Tout ce qui vaut la peine prend du temps à être réalisé, c'est donc la clé pour t'entraîner à continuer plus longtemps que tout le monde.

Chapitre 3 : Comment maintenir un équilibre et rester raisonné

L'entrepreneuriat n'est pas seulement un choix de carrière. Pour la plupart, l'entrepreneuriat est un mode de vie, une attitude et un état d'esprit.

Si tu travailles pour quelqu'un d'autre, tu n'as pas à te soucier de l'entreprise 24h / 24 et 7j / 7. Tu es payé pour ta contribution à l'entreprise et rien de plus, il est donc plus facile de marquer la limite entre ta vie personnelle et professionnelle.

Si tu possèdes une entreprise, tu ne peux pas te déconnecter et oublier. C'est comme ton bébé. Tu y penses tous les jours, même lorsque tu es en vacances. Cela peut à la fois te servir et jouer contre toi.

Dans ce chapitre, nous explorerons comment maintenir un équilibre et rester raisonné alors que tu travailles sur ton entreprise.

Ton corps est ton PDG

Les entrepreneurs aiment se considérer comme des héros qui peuvent travailler 24 heures sur 24 sans se reposer. Beaucoup sont tentés de croire que leurs corps sont des machines infaillibles capables de fonctionner exclusivement avec le café et le grignotage. Ils se font des illusions en pensant qu'ils peuvent mettre leur vie personnelle de côté et tout régler plus tard, une fois qu'ils auront réussi.

J'ai bien peur d'avoir à t'annoncer que de vivre de cette façon détruira inévitablement ta santé, tes relations et ton bien-être général.

Quand il s'agit de la santé, ton corps est ton PDG et il te *licenciera* si tu continues à lui manquer de respect. Prendre soin de ta santé signifie avoir une alimentation saine, faire du sport, dormir suffisamment et éviter les mauvaises habitudes. C'est primordial pour ton succès en tant qu'entrepreneur.

Une alimentation saine est nécessaire pour fournir à ton corps tous les nutriments dont il a besoin. La nourriture non transformée est le meilleur choix ici, à la fois pour la santé et la satiété. Si tu fais passer des aliments de mauvaise qualité dans ton corps, tu obtiendras une performance de faible qualité.

Quant à l'exercice, dans son livre *The Willpower Instinct: How Self-Control Works, Why It Matters, and What YouCan Do to Get More of It,* le psychologue et auteur à succès Kelly McGonigal déclare : « l'exercice s'avère être la chose la plus proche d'un médicament miracle que les scientifiques de l'auto-contrôle ont découvert. Pour commencer, les avantages sur la volonté dû à l'exercice sont immédiats. Quinze minutes sur un tapis roulant réduisent les fringales, comme on le voit lorsque les chercheurs essaient de tenter quelqu'un au régime avec du chocolat et des fumeurs avec des cigarettes. »[24]

Quant au sommeil, la recherche de Roy F. Baumeister suggère que le repos peut reconstituer ta volonté.[25] Si ce seul fait ne te convainc pas, considère que la privation de sommeil produit des déficiences cognitives et motrices équivalentes à un niveau d'alcoolémie légalement enivrant.[26] Je ne pense pas que je doive te parler d'autres avantages de dormir suffisamment, n'est-ce pas ?

Tu peux en apprendre beaucoup plus sur une vie saine dans mes livres *L'autodiscipline lors d'un régime* et *Comment développer l'autodiscipline dans le sport*.

Ce qu'il est important de souligner en ce qui concerne l'autodiscipline, c'est que si tu négliges ta santé, tôt ou tard, tu devras payer. Plus tu négliges de prendre soin de ta santé, moins tu deviendras efficace. Cela se traduira alors par une diminution de l'autodiscipline.

Ta santé ne devrait jamais être au second plan. Tu peux toujours reprendre tes aventures entrepreneuriales, mais tu ne peux pas toujours retrouver ta santé.

Quatre raisons et solutions au déséquilibre entre le travail et la vie personnelle

Le véritable succès entrepreneurial ne concerne pas seulement tes profits, tes ventes, tes revenus et tes évaluations, il s'agit aussi de trouver un juste équilibre pour profiter *à la fois* de ton entreprise et de ta vie personnelle. Sinon, à quoi bon ? Le succès entrepreneurial ne signifie rien si tu as échoué dans des relations.

Dans son article sur l'équilibre travail-vie pour *Forbes*, l'entrepreneur Michael Simmons partage quatre raisons pour lesquelles, selon l'entraîneur David Kashen, l'équilibre travail/vie est si difficile pour les entrepreneurs.[27] Déconstruisons et remédions à chacun de ces défis un par un :

1. Combinaison de l'identité personnelle et du bien-être des affaires

Lorsque tu traites ton entreprise comme ton bébé, il est facile de brouiller la frontière entre vie personnelle et vie professionnelle. L'attachement émotionnel à ton entreprise peut alors déterminer ton bien-être. Si les affaires sont bonnes, tu te sens bien. Si les affaires ne vont pas bien, toi non plus.

En tant qu'être humain logique, tu ne veux pas te sentir mal. Par conséquent, tu passes de plus en plus de temps à travailler pour pouvoir surveiller constamment ton entreprise et répondre à ses besoins.

Bientôt, il n'y a aucun équilibre dans ta vie parce que tout tourne autour de ton entreprise.

Comment peux-tu résoudre ce problème ?

Si la principale raison est d'associer ton estime de toi à la performance de ton entreprise, la solution consiste à trouver plus de rôles qui te définiront en tant que personne et tirer une valeur personnelle de ces rôles. Lorsque tu es non seulement un entrepreneur mais aussi un parent, un conjoint, un joueur de tennis ou un participant actif dans ta communauté, ton estime de toi est moins susceptible de se briser lorsque tu rencontres des problèmes dans un domaine de ta vie.

Cela peut sembler contre-intuitif, mais tu peux devenir un meilleur entrepreneur si tu ne penses pas aux affaires tout le temps. D'autres rôles dans ta vie peuvent t'aider à prendre du recul et à voir une vue d'ensemble.

Enfin, considère la délégation comme un moyen supplémentaire de rompre le lien entre ton estime de toi et ton entreprise. Céder certaines responsabilités à d'autres personnes peut t'aider à arrêter de penser à ton entreprise en termes de quelque chose que *tu* peux prendre en charge et développer.

2. La peur de l'échec

Pour de nombreux entrepreneurs, leur entreprise est tout ce qu'ils ont. Ils y ont consacré toutes leurs ressources : toutes leurs économies, du temps, de l'énergie et une réputation. En conséquence, beaucoup d'entre eux luttent pour équilibrer leur vie personnelle et professionnelle.

Comment peux-tu éviter cet écueil commun ?

La première étape consiste à changer ta relation à l'échec. La peur est une émotion utile lorsque tu es face à un prédateur dans les bois, mais ce n'est pas un état d'esprit productif pour un entrepreneur.

La peur de l'échec est généralement la plus forte pour une personne qui n'a pas connu beaucoup d'échecs dans la vie. Pourquoi ne pas subir une « thérapie d'échec » en essayant délibérément des choses difficiles avec une forte probabilité d'échec ? Nous avons peur des choses parce qu'elles sont inconnues. Si tu fais l'expérience de quelque chose au quotidien, comme un échec, cela ne fait plus peur.

J'ai échoué d'innombrables fois en tant qu'entrepreneur. Aussi mauvais que tous ces échecs ont été, ils m'ont aussi appris à me sentir à l'aise avec eux.

Affronte ta peur et invite l'échec dans ta vie. Tu n'as pas nécessairement à échouer délibérément dans ton entreprise. Pour t'habituer aux obstacles, aux échecs et aux dérapages, invite des défis dans ta vie personnelle, comme apprendre une nouvelle compétence difficile.

La deuxième étape pour faire face à la peur de l'échec lorsqu'elle est motivée par la peur de perdre de l'argent, c'est de mettre de l'ordre dans ta vie financière. Ta peur de l'échec diminuera si tu crées un fonds qui couvrira tes frais courants pendant six mois en cas d'urgence. Cela te permettra également de te sentir plus à l'aise pour prendre une pause, partir en vacances ou passer du temps à apprécier d'autres aspects de ta vie que les affaires.

3. L'amour du travail

Écoute, je comprends. Tu es extrêmement passionné par ton entreprise et tu y penses tout le temps. Je suis pareil. On ne peut pas débrancher mon esprit d'entreprise. Tout va bien tant que les affaires ne sont pas la seule passion dans ta vie et ne deviennent pas ta seule échappatoire aux problèmes.

Si le déséquilibre dans ta vie est principalement motivé par ta passion pour l'entreprise et que cela commence à fatiguer tes relations, il est temps de changer.

Ce qui m'a aidé personnellement était de trouver d'autres passions au-delà du travail. J'ai ensuite contaminé les autres avec certaines d'entre elles. Par exemple, je vais régulièrement faire de l'escalade avec un ami. J'aime aussi les langues et les voyages, donc la planification de voyages futurs est une autre activité passionnante qui retire mon attention des affaires.

Trouve des passions non commerciales dans ta vie, et si tu y deviens accro, elles t'aideront à atteindre plus d'équilibre dans la vie. Comme avantage secondaire, tu seras plus énergique et auras de nouvelles perspectives sur la façon de développer ton entreprise.

4. Une récompense pour travailler plus

En tant qu'entrepreneur, tu peux toujours travailler plus et toujours réaliser plus. Il n'y a pas de plafond à ce que tu peux réaliser, et c'est génial d'en faire constamment plus. Il n'est pas surprenant que de nombreux entrepreneurs travaillent autant qu'ils le peuvent et pensent toujours qu'ils devraient travailler plus.

Malheureusement, cette dépendance à la réalisation vient avec des effets secondaires négatifs. Tu commences à négliger ta santé, ta famille, tes amis et tes propres soins. À un moment donné, un simple désir de travailler plus se transforme en une dépendance au travail dans le simple but de travailler.

La solution à ce problème est similaire à la solution concernant l'amour du travail. Trouve quelque chose qui te mettra au défi et te rendra productif. Il n'y a pas besoin de générer des résultats tangibles directement ; tant que cela te donne un sentiment de réussite similaire à ce que tu obtiens grâce à ton entreprise, cela fera l'affaire. Tu obtiens des points bonus pour faire cette activité avec d'autres personnes.

Par exemple, j'aime apprendre des langues et je considère cela comme un passe-temps extrêmement productif. Cela me rappelle qu'il y a plus à faire dans la vie que dans mon entreprise et m'aide à mieux équilibrer ma vie personnelle et entrepreneuriale. Je pratique également divers sports, notamment le tennis et le cyclisme, et j'invite mes amis à en profiter avec moi.

Pour retrouver l'équilibre, engage-toi dans ces passe-temps utiles et productifs avec d'autres personnes dans ta vie. Trouve la satisfaction personnelle de passer du temps de qualité avec tes proches *et* en faisant quelque chose qui te développe en tant que personne. Voici quelques idées :

- Inscris-toi dans une équipe de football avec tes amis.

- Avec ta famille, intéresse-toi à explorer la nature sauvage et à organiser des voyages réguliers.

- Construis quelque chose avec tes propres mains : une table de cuisine, un jouet, une décoration pour la maison. Invite tes amis, tes enfants, ton conjoint ou d'autres membres de la famille à participer.

- Cuisine quelque chose. Cuisiner et manger sont quelques-unes des activités sociales les plus agréables qui te feront sourire et te donneront l'impression d'accomplir quelque chose.

- Pratique divers arts : peinture, création musicale, écriture, sculpture. Engage toute ta famille ou partage les fruits de ton travail avec eux.

- Mets-toi au jardinage. Cela t'aidera à te détendre. Tu peux aussi en faire une activité sociale avec ton conjoint, tes enfants ou tes amis, qui n'ont pas de problèmes à se salir les mains.

L'essentiel est d'avoir une vie au-delà de ton entreprise. Trouver de l'excitation dans des contextes non commerciaux facilitera le maintien de l'équilibre entre ta vie personnelle et professionnelle.

Trois implications clés à prendre en compte

Tu trouveras ci-dessous trois principales implications pratiques pour t'aider à maintenir un bon équilibre dans la vie et à rester sain d'esprit.

1. Prends soin de ta santé

Les projets entrepreneuriaux sont addictifs et procurent beaucoup de plaisir. Cependant, si tu négliges ta santé, un jour tu pourrais ne plus être capable de travailler. La prévention de base est tout ce qu'il faut pour minimiser le risque de développer de nombreuses maladies graves.

Analyse tes niveaux de santé et de forme physique. As-tu une alimentation saine ? Fais-tu assez d'exercice et dors-tu suffisamment ? Traites-tu ton corps comme ton patron qui a besoin d'être respecté ou comme un esclave que tu épuises régulièrement ?

Si tu es en surpoids, change tes habitudes alimentaires et fais plus d'exercice. Dors davantage si tu as tendance à faire des nuits blanches et que tu t'endors souvent au milieu de la journée.

Idéalement, trouve un moyen de tirer la passion et le plaisir de tes efforts pour améliorer ta santé et ta forme physique. Si tu as besoin d'aide, mes livres *L'autodiscipline lors d'un régime : Comment perdre du poids et devenir en bonne santé malgré les fringales et une faible volonté* et *Comment développer l'autodiscipline dans le sport : Techniques et stratégies pratiques pour développer des habitudes sportives à vie* t'aideront.

2. Établis des défis non commerciaux

Si les seules réalisations dans ta vie viennent du monde des affaires, il n'est pas étonnant que tu aies tendance à privilégier cela au cours de ta vie personnelle. Après tout, les humains veulent se sentir bien, et si c'est principalement la réussite commerciale qui te nourrit, où d'autre irais-tu chercher la satisfaction personnelle ?

Découvre-toi un nouveau passe-temps, une compétence que tu veux maîtriser, ou une amélioration que tu aimerais mettre en place dans ta vie personnelle. Cela t'aidera à satisfaire ta soif d'accomplissement et à cesser de mesurer ton estime de toi par la seule performance de ton entreprise. Laisse-toi gagner et perdre dans ta vie personnelle, ce qui apportera plus d'excitation dans ta vie à partir d'autres sources que ton entreprise.

Je te suggère fortement de pratiquer au moins un sport difficile qui t'aidera à oublier ton entreprise et à te détendre et te présentera un défi afin que tu n'aies pas à t'échapper au travail comme une forme d'autothérapie.

3. Fais ta vie

Je comprends, tu adores ton entreprise. Tu adores l'entrepreneuriat. C'est ta passion. Cependant, aussi absurde que cela puisse paraître, tu devrais toujours avoir une vie en dehors de cela. Les gens d'affaires qui pensent rarement, voire jamais à d'autres choses que les affaires, ont tendance à se surmener, à négliger leur vie personnelle et à devenir malheureux.

N'oublie pas que ta vie consiste à davantage que le simple fait d'être productif. Prends soin de ta santé et de ta forme physique, passe du temps de qualité avec ta famille et tes amis et essaye de te développer en tant que personne au-delà du contexte de l'entreprise. Toutes ces choses, une fois combinées, t'aideront à atteindre tes résultats beaucoup plus rapidement et d'une manière plus agréable, plutôt que devenir un bourreau de travail solitaire.

Aujourd'hui, maintenant, imagine un plan pour avoir une vie personnelle plus satisfaisante. Si tu te réveilles chaque jour passionné par ton entreprise mais pas par ta vie personnelle, il est grand temps de la changer et de commencer à devenir un être humain normal, non accro au travail.

COMMENT MAINTENIR UN ÉQUILIBRE ET RESTER RAISONNÉ : RÉCAPITULATIF

1. Ton corps est ton PDG. Ne néglige pas ta santé en pensant que tu auras le temps de t'en occuper plus tard lorsque tu auras réussi. Ton sens général du bien-être contribue grandement à ton autodiscipline et à ta persévérance. Comment te vois-tu atteindre de grands objectifs si tu es malade et épuisé tout le temps ?

2. Il y a quatre raisons principales pour lesquelles tu ne peux pas parvenir à un bon équilibre entre le travail et la vie personnelle : mélange de l'identité personnelle et du bien-être des affaires, peur de l'échec, amour du travail et sentiment de récompense.

Le mélange de l'identité personnelle et du bien-être des affaires signifie que tu laisses ton entreprise définir ton estime de toi. Un tel lien étroit avec ton entreprise t'oblige à passer de plus en plus de temps sur elle jusqu'à ce qu'il n'y ait rien d'autre dans ta vie que le travail.

Traite ce problème en trouvant plus de rôles dans ta vie qui peuvent définir ton estime de toi (comme être un bon parent). De plus, réalise que tu peux obtenir plus de succès en te permettant de t'éloigner de l'entreprise et de la voir d'un autre point de vue. Dernier point, mais non le moindre, délègue des parties de ton entreprise de sorte qu'elle ne soit pas ta seule responsabilité.

La peur de l'échec mène les entrepreneurs à faire un nombre d'heures incroyable et à sacrifier leur vie personnelle. Un entrepreneur typique est fortement investi dans son entreprise, à la fois financièrement et émotionnellement.

Apprendre comment te sentir à l'aise avec l'inconfort en invitant l'échec dans ta vie t'aidera à réduire tes inquiétudes au sujet de l'échec de ton entreprise. Assure-toi en construisant des fonds financiers d'urgence. La peur de l'échec ne sera pas si handicapante et dominante dans ta vie si tu sais que même dans le pire des cas, tu seras en mesure de subvenir à tes besoins financièrement pendant quelques mois.

L'amour du travail semble être une bonne chose, mais les entrepreneurs l'adoptent souvent à l'extrême et laissent l'entreprise devenir la seule source de défis et d'épanouissement personnel. Trouve des passe-temps en dehors des affaires qui te mettront au défi de briser l'idée que les affaires sont la seule source de passion dans la vie.

Une récompense que tu obtiens pour plus de travail fait du bien. En tant qu'entrepreneur, tu peux toujours obtenir plus de cette récompense car tu peux toujours en faire plus. Malheureusement, cela signifie aussi qu'il est facile d'aller trop loin et de négliger tout le reste.

Ce problème est lié à l'amour du travail. Si les affaires sont la seule chose addictive dans ta vie, il est évident que tu les prioriseras sur tout le reste. Aussi difficile que cela puisse paraître, trouve des activités non commerciales, idéalement des activités que tu feras avec tes proches, et trouves-y de l'excitation.

Il est possible qu'il te faille beaucoup de temps pour trouver au moins quelque chose qui corresponde à l'excitation et à la joie d'accomplir plus dans ton entreprise, mais au bout du compte, cela te permettra de profiter d'une vie plus équilibrée et durable.

Chapitre 4 : Quatre outils pour développer ton autodiscipline en tant qu'entrepreneur

L'autodiscipline est la somme de comportements, de traits et d'habitudes qui renforcent ta maîtrise de toi. En plus des pièces fondamentales du puzzle que nous avons déjà révélées, les entrepreneurs ont besoin de quelques outils supplémentaires pour développer l'autodiscipline. Dans ce chapitre, nous les couvrirons en détail, regroupés en quatre ensembles d'outils comprenant des traits, des habitudes ou des changements d'état d'esprit nécessaires pour renforcer ta détermination en tant qu'entrepreneur.

Nous discuterons comment et pourquoi ces outils fonctionnent ainsi que des moyens pratiques de les mettre en œuvre dans ta vie. Lorsque tu les introduis dans ta vie, tu bénéficies d'un effet synergique qui va générer une autodiscipline à long terme et inébranlable.

1. Le dévouement et l'entrain

Le dévouement signifie t'investir pleinement dans ton entreprise. L'entrain alimente la dévotion au processus. L'utilisation constante de ces deux outils inséparables est la différence la plus cruciale entre les entrepreneurs qui réussissent à long terme et ceux qui abandonnent.

Dans son style très cru et propre à lui-même, l'entrepreneur et auteur à succès MJ DeMarco écrit dans son livre *The Millionaire Fastlane: Crack the Code to Wealth and Live Rich for a Lifetime*: « Pour atteindre le sommet de ton jeu, de tes affaires ou autre, tu dois manger, vivre et chier ton truc. Si tu t'intéresses à dix choses différentes, tes résultats seront amateurs et insignifiants. Concentre-toi sur une chose et fais-la de la meilleure façon. »[28]

Le dévouement commence par une décision consciente de couper toutes les voies d'évacuation possibles et de s'engager dans une idée d'entreprise jusqu'à ce que l'une de ces deux choses arrive : soit elle réussit, soit elle échoue. Il n'y a pas d'entre-deux, « l'amateurisme » ou « tenter son coup ».

Diffuser ton attention sur plus d'une idée d'entreprise à la fois diluera ta persistance. Lorsque tu rencontres des obstacles avec l'une de tes entreprises, il est tentant de fermer boutique et de passer à une autre idée. Pourquoi te battrais-tu pour ta première entreprise s'il y en a toujours une deuxième qui pour l'instant fonctionne ? Tu n'as pas un tel luxe lorsque tu diriges une seule entreprise, et cela garantit que tu donneras tout quand tu feras face à des obstacles au lieu de chercher le confort d'une autre entreprise.

Oh, c'est vrai, mais il y a tellement d'entrepreneurs qui dirigent plusieurs entreprises !

Des gens comme Elon Musk et Richard Branson peuvent diriger plusieurs entreprises *maintenant*, mais ils ont tous deux démarré avec une seule entreprise et ont lancé de nouvelles entreprises seulement quand leurs projets précédents n'avaient plus besoin de leur participation active. Des décennies d'expérience, des équipes dignes de confiance composées d'employés de choix et un capital pratiquement illimité leur permettent de gérer plusieurs entreprises. Si tu n'as pas ces ressources, tu ferais mieux de t'en tenir à une chose.

Je te suggère fortement de donner à un nouveau projet au moins six mois d'attention exclusive. En engageant toutes tes ressources dans une entreprise, tu augmenteras considérablement tes chances de succès et réduiras la tentation de courir après la prochaine chose qui brille.

Une fois que tu t'engages dans une entreprise, consacre-toi à celle-ci en établissant une routine constante.

En tant qu'auteur auto-édité, je me fixe des objectifs de nombres de mots que je dois écrire quotidiennement. Je sais que pour maintenir l'autodiscipline, mon comportement doit être automatisé, alors je n'attends pas que la muse me rende visite. Au lieu de cela, je suis le conseil de Stephen King : « Les amateurs s'asseyent et attendent l'inspiration, le reste d'entre nous se lèvent et vont travailler. »[29]

Une forte éthique de travail est l'un des alliés les plus puissants de l'autodiscipline et de la persévérance. Établis une routine quotidienne avec une tâche clé que tu dois absolument faire avant tout le reste. Il est préférable que la tâche soit quantifiable et reproductible, comme écrire mille mots chaque jour, appeler une trentaine de clients potentiels ou écrire deux cents lignes de code.

Pour maintenir le dévouement au processus, tu dois également remplir ton réservoir avec le carburant approprié : entraînement ou but puissant.

Comme je l'écris dans ma série de newsletters sur le développement d'un état d'esprit axé sur les processus (tu recevras ces e-mails si tu t'inscris à mon listing en suivant un lien que tu trouveras au début ou à la fin du livre) :

« La plupart des gens *aimeraient* seulement devenir financièrement indépendants, et ils continuent de le souhaiter pour le reste de leur vie. Ceux qui atteignent réellement le but sont ceux qui ne le désirent pas simplement : ce sont ceux qui en ont absolument besoin dans leur vie et qui sont prêts à payer le prix fort pour y parvenir. Ce sont ceux qui sont prêts à traverser de multiples périodes de dépression et de frustration, d'échecs et de se sentir comme des reclus, tout cela pour que leur rêve devienne réalité. »

C'est le genre de motivation dont tu as besoin dans ta vie entrepreneuriale pour continuer à travailler sur tes rêves jusqu'à ce qu'ils deviennent réalité. Cependant, il ne s'agit pas d'une simple passion auto-gratifiante ; il s'agit de le faire parce que tu *dois* le faire, alimenté par le désir de poursuivre la maîtrise et d'apporter de la valeur au monde.

Ryan Holiday, auteur à succès d'*Ego Is the Enemy*, affirme : « Le but est de poursuivre quelque chose en dehors de soi-même plutôt que de se faire plaisir » et suggère de « faire qu'il s'agisse de quelque chose que tu sentes *devoir* faire et dire, pas de quelque chose dont tu as envie ou que tu aimerais être. »[30]

À partir d'aujourd'hui, rends ton travail plus utile en poursuivant la maîtrise et en te servant non seulement toi-même, mais surtout les autres. Tu te souviens de la motivation prosociale et intrinsèque ? La motivation pour la maîtrise est l'une des plus belles expressions d'entre elles.

2. Le focus et la réflexion

La gestion de deux entreprises à la fois est une recette pour la distraction. Elle offre un moyen facile de sortir de tes affaires problématiques. Au lieu de la réparer, il est plus facile d'abandonner et de passer à un autre projet, seulement pour répéter la même erreur lorsque tu rencontres des obstacles sur ton nouveau chemin.

Cependant, les distractions peuvent te frapper même si tu es fidèle à une entreprise.

Par exemple, beaucoup de gens se prennent pour des entrepreneurs en concevant des cartes de visite, un logo ou un site Web avec tous les gadgets à la mode. Ils se trompent en pensant que ce travail est un tremplin important pour démarrer une entreprise, quand cela devrait être secondaire. Ils se distraient avec des tâches non pertinentes au lieu de se concentrer sur ce qui est important : la création de valeur.

C'est pourquoi tu as besoin de concentration et de réflexion dans ta vie. Ces outils t'aideront à découvrir ce qui est important *maintenant*.

Chaque fois que tu es sur le point de consacrer tes ressources à une tâche, demande-toi si c'est vraiment ce dont tu as *besoin maintenant*. Pense en termes de travail intelligent qui produit des résultats, pas de travail dans le but de travailler. Cela peut te faire du bien de passer quelques heures à peaufiner ta carte de visite, mais à la fin, cette action ne produit pas ce dont ton entreprise naissante a le plus besoin ; des clients.

Cette habitude simple de travail ciblé t'aidera à éviter d'appliquer l'autodiscipline aux tâches à faible impact, et à en faire ainsi plus pour ce qui est vraiment important.

Et en parlant de concentration, un autre défi consiste à gérer les distractions en milieu de travail qui ont un impact négatif sur ta productivité.

Tu es assis dans ton bureau, tu travailles sur une tâche importante et soudainement tu reçois un e-mail ou quelqu'un t'appelle. Tu réponds au message ou termines la conversation. Il est temps de retourner au travail, mais avant cela, tu décides de consulter rapidement ta page Facebook. Tu réponds à quelques messages, regardes un nouveau film que ton ami vient de partager et commentes les photos de voyage d'un autre ami. Tu regardes l'horloge et trente minutes ont se sont volatilisées.

Les distractions produisent une réaction en chaîne. Cèdes-y une fois, et tu devras te préparer à accueillir plusieurs autres distractions.

Dans son livre *Your Brain at Work: Strategies for Overcoming Distraction, Regaining Focus, and Working Smarter All Day Long,* l'auteur David Rock écrit : « Une étude a révélé que les distractions au bureau font perdre en moyenne 2,1 heures par jour. Une autre étude, publiée en octobre 2005, a révélé que les employés consacraient en moyenne onze minutes à un projet avant d'être distraits. Après une interruption, il leur faut vingt-cinq minutes pour revenir à la tâche d'origine, s'ils y reviennent. »[31]

Il faut beaucoup de temps pour se remettre dans le bain après avoir perdu la concentration, et une personne moyenne perd beaucoup de son temps pendant la journée de travail. Si tu ne peux pas contrôler les distractions dans ta vie quotidienne, tu auras aussi du mal à te contrôler.

La clé pour gérer les distractions est de reconnaître qu'elles vont arriver et de les planifier à l'avance. Tu ne peux pas éliminer complètement les distractions, mais tu peux les maîtriser en faisant ces trois choses :

1. Travaille sur la tâche la plus importante lorsque tu es le moins susceptible d'être interrompu, idéalement le matin. Même si tu es distrait plus tard au cours de ta journée, au moins tu auras déjà fait la tâche la plus importante.

Dans son article pour PsychologyToday.com, l'auteur David Rock recommande de « faire son travail de réflexion plus profond le matin pendant que tu as encore la capacité de contrôler ton attention. »[32]

J'aime me lever à cinq heures du matin pour faire mon travail le plus important parce que la maison est calme, mon esprit est frais et personne d'autre n'est encore debout.

2. Évite les distractions en travaillant dans un endroit où tu es le moins susceptible d'être dérangé. C'est peut-être à la mode de travailler dans un espace partagé ou dans un café, mais tu travailleras mieux dans un endroit tranquille où il n'y a que toi et la tâche à accomplir. En tant qu'entrepreneur, tu as probablement la liberté de travailler où tu veux. Choisis l'isolement.

Dans son entretien avec FastCompany.com, la scientifique sur l'interruption Gloria Mark suggère que nos meilleurs moyens personnels pour éviter les distractions sont de travailler à la maison (pour éviter l'environnement de bureau distrayant) et de limiter notre utilisation du Web à deux fois par jour.[33]

Tiens compte de ce conseil en créant un espace de bureau à domicile privé et en te déconnectant d'Internet si tu n'en as pas besoin pour travailler. Envisage d'utiliser des modules complémentaires de navigateur qui te permettent de bloquer des sites spécifiques pendant une période donnée.

3. Sois attentif et fais des pauses chaque fois que tu sens ton attention faiblir. Pense à suivre l'approche

Pomodoro dans laquelle tu travailles pendant vingt-cinq minutes, fais une pause de cinq minutes et continues avec un autre cycle de vingt-cinq minutes.[34]

En outre, considère la méditation comme un outil de formation pour affiner ta concentration. Plus tu t'engages dans une activité qui t'occupe pleinement, plus tu obtiendras le même niveau d'attention lorsque tu travailleras. Si tu ne trouves pas la méditation particulièrement utile ou que tu ne l'aimes pas, envisage d'autres types d'activités méditatives comme :

- écouter attentivement de la musique,
- pratiquer le yoga ou le tai-chi,
- tenir un journal,
- D'autres types de méditation non standards existent, comme la méditation en marchant, la méditation contemplative, la méditation respiratoire ou la méditation de gratitude (J'ai couvert toutes ces alternatives à la méditation dans mon livre *L'autodiscipline quotidienne : Habitudes et exercices quotidiens pour développer l'autodiscipline et atteindre tes objectifs*).

3. Esprit de décision et sélectivité

En tant qu'entrepreneur, tu te retrouveras souvent dans des situations difficiles où tu ne seras pas en mesure de prendre une décision en connaissance de cause.

Tu peux choisir de ne prendre aucune décision, mais même cela, c'est une décision. Et en fin de compte, c'est la pire décision que tu puisses prendre parce que tu laisses les choses t'arriver au lieu de choisir quoi faire et d'assumer la responsabilité du résultat.

L'autodiscipline ne peut pas se développer dans un environnement où tu laisses les choses t'arriver parce que l'autodiscipline est *aussi* une décision de choisir une gratification différée plutôt qu'une récompense instantanée. L'entrepreneuriat consiste à être proactif et à prendre le contrôle, sans réagir à ce qui t'arrive.

Comment deviens-tu une personne plus résolue et sélective ?

Tout commence par comprendre que prendre des décisions consomme de l'énergie. Plus tu prends de décisions, moins elles sont bonnes. En psychologie, ce phénomène est appelé *fatigue décisionnelle.*[35] La fatigue décisionnelle peut également conduire à *l'évitement décisionnel* dans lequel tu évites complètement les décisions.[36]

Le président Barack Obama a dit : « Vous verrez que je ne porte que des costumes gris ou bleus. J'essaie de réduire les décisions. Je ne veux pas prendre de décisions sur ce que je mange ou porte. Parce que j'ai trop d'autres décisions à prendre. » Il a ensuite ajouté : « Vous devez concentrer votre énergie décisionnelle. Vous devez vous créer une routine. Vous ne pouvez pas passer la journée à être distrait par des choses anecdotiques. [37]

On ne peut nier que le nombre de décisions qu'un président doit prendre va bien au-delà du quota d'une personne lambda. En revanche, je dirais qu'il sait probablement comment gérer son énergie décisionnelle, tu ne crois pas ?

Ne pas s'occuper de choses anecdotiques en simplifiant tes choix quotidiens te permettra de libérer l'énergie nécessaire pour prendre des décisions importantes.

Débarrasse-toi des vêtements que tu ne portes plus, ou n'investis que dans des vêtements basiques qui s'associent facilement les uns avec les autres. Achète et mange des aliments similaires pour simplifier tes habitudes alimentaires. Prends la première chose qui te vient à l'esprit lorsque tu es obligé de prendre une décision triviale entre des frites et de la salade au restaurant.

Réduis ou élimine les décisions banales de ta vie, mais sois sélectif quand il s'agit de décisions clés ayant des conséquences à long terme.

Quand j'ai décidé de faire traduire mes livres dans d'autres langues, j'ai parcouru des dizaines d'applications pour trouver le bon traducteur et éditeur. J'aurais pu être moins pointilleux, mais je savais que la tâche était trop importante pour qu'elle soit négligée.

Applique la sélectivité de la même manière. Ne te contente pas de la médiocrité ou ne prends pas de décisions hâtives s'il y a beaucoup en jeu. Quant aux choix triviaux, ne perds pas ton temps là-dessus ; prends une décision rapide.

4. La détermination et la confiance en soi

Les scientifiques se réfèrent à la détermination comme un sentiment émotionnel positif qui te pousse à l'action malgré les difficultés.[38] Cela te rend plus persistant et améliore ta capacité à faire face aux problèmes.

En tant qu'entrepreneur, tu feras face à des difficultés régulières. Personne ne les gérera à ta place. Si tu n'es pas habitué aux murs qui se dressent fréquemment sur ton chemin vers la réussite, tu pourrais d'abord ressentir la tentation d'abandonner. La réaction (détermination) opposée t'aidera à te concentrer sur les solutions : escalader le mur, le détruire ou le contourner.

En ce sens, la détermination consiste à avoir un locus de contrôle interne et la conviction que tu contrôles ta vie, et c'est toi, et non les facteurs externes comme la chance, les autres personnes ou l'économie, qui peut la changer.[39]

Une personne ayant un locus de contrôle externe ne pourra pas faire face au mur. Elle le regarderait en pensant que « ces personnes » (qui que ce soit) veulent la tenir à l'écart du succès et qu'elle ne peut rien faire d'autre que d'accepter son destin.

Pour développer un locus de contrôle interne, arrête de blâmer le monde qui t'entoure. Accepte la même responsabilité pour chaque succès et chaque échec que tu rencontres.

Un tel renforcement constant t'encouragera à aborder chaque difficulté avec un état d'esprit orienté vers l'action plutôt que de te plaindre de facteurs externes.

Deuxièmement, développe ton auto-efficacité, qui est la force de ta conviction en tes capacités et la probabilité que tu te perçoives ayant du succès dans l'exécution d'une tâche donnée ou dans la réalisation d'un objectif.[40]

Dans mon livre, *Confidence: How to Overcome Your Limiting Beliefs and Achieve Your Goals*, je couvre cinq règles fondamentales pour développer un fort sentiment d'auto-efficacité. Elles sont :

1. Fixe-toi des objectifs légèrement au-dessus de tes capacités afin que tu puisses constamment élargir ta zone de confort et t'habituer à des défis de plus en plus grands. En affaires, il peut s'agir de petits investissements et de l'augmentation lente de ton seuil de risque.

2. Sépare les objectifs en petits morceaux et simplifie-les pour éviter d'être dépassé. Démarrer une entreprise semble être un projet de taille, mais quand on le sépare en petites tâches, c'est plus facile à gérer. Ensuite, tu seras plus susceptible de te sentir déterminé plutôt que découragé.

3. Concentre-toi sur la vision globale en pensant en termes de stratégies plutôt que de tactiques. En tant qu'entrepreneur, ton objectif principal est de faire des ventes. Tout le reste est en arrière-plan, surtout pour une personne qui commence à peine. Comme nous l'avons déjà mentionné, concentre-toi sur les actions clés au lieu de t'occuper de choses qui pourraient te sembler bonnes mais qui ne génèrent pas de résultats.

4. Reconsidère les obstacles afin de les voir comme des raisons de continuer au lieu de raisons

d'abandonner. Comme l'a dit le professeur américain Randy Pausch : « Les murs de briques sont là pour une raison. Les murs de briques ne sont pas là pour nous tenir à l'écart. Les murs de briques sont là pour nous donner une chance de montrer à quel point nous voulons quelque chose. Parce que les murs de briques sont là pour arrêter les gens qui n'en veulent pas suffisamment. Ils sont là pour arrêter les autres. »[41]

5. Prends le contrôle de ta vie afin de reconnaître que ce qui se passe dans ta vie est le résultat direct de tes actions. Cela revient à développer un locus de contrôle interne.

En pratique, tant que tu promets de ne pas t'arrêter jusqu'à ce que ton entreprise fonctionne, tu développeras naturellement ta détermination, tout comme tu deviens naturellement plus fort si tu soulèves régulièrement des poids lourds.

Trois implications clés à prendre en compte

Les trois actions les plus importantes que tu peux entreprendre pour mettre en œuvre les conseils de ce chapitre dans ta vie sont :

1. Consacre-toi

Si tu veux construire une autodiscipline puissante, tu dois absolument te consacrer à ton entreprise et à sa croissance. Cela comprend de suivre une routine établie pour t'aider à respecter le processus et à ne pas t'étaler sur plusieurs projets sans rapport à la fois.

À partir d'aujourd'hui, fais le vœu de développer un dévouement inconditionnel au processus de développement de ton entreprise. Donne-toi au moins six mois (et idéalement un an ou plus) pour te concentrer sur ton entreprise et oublie toute nouvelle idée commerciale attrayante. Développe une routine clé que tu suivras tous les jours ouvrables (comme appeler un nombre spécifique de prospects ou de produire une quantité spécifique d'un produit) et ne t'en détourne pas, quoi qu'il arrive.

2. Travaille intelligemment et reste concentré

Travailler intelligemment et gérer correctement tes ressources au lieu de tourner en rond et de les gaspiller t'aidera à obtenir de meilleurs résultats plus rapidement. Ceci à son tour réduira ton risque d'abandonner en raison d'un manque de persistance ou d'autodiscipline.

Effectue les tâches les plus importantes le plus tôt possible ou chaque fois que tu peux éviter les interruptions. Aussi, accepte que des distractions *se produiront*, et il est donc préférable de travailler par petits jets et de programmer des distractions pour tes courtes pauses.

Envisage de méditer ou de t'engager dans un type d'activité similaire à la méditation qui t'aidera à désencombrer ton esprit et à te concentrer sur une seule tâche.

Choisis attentivement de nouvelles tâches à effectuer. Il est facile de tomber dans le piège de faire les choses simplement parce que cela fait du bien de les terminer même si elles ne servent aucun but précis. Imagine que ton autodiscipline est une ressource limitée et évite le gaspillage en faisant des tâches inutiles.

Passe régulièrement en revue les tâches que tu effectues et demande-toi lesquelles sont importantes à faire et lesquelles ne sont pas nécessaires. Réduis le temps passé sur des tâches moins importantes ou élimine-les complètement de ton emploi du temps.

N'oublie pas que les décisions prennent aussi de l'énergie. Plus tu passes de temps à prendre des décisions sans importance, plus il est difficile de prendre les bonnes décisions importantes. Réduis autant que possible le nombre de décisions banales et sois sélectif en ce qui concerne les choix importants qui peuvent avoir des répercussions à long terme.

3. Apprends à te faire confiance

Les entrepreneurs doutent souvent d'eux-mêmes. Cela peut conduire à une détermination faible et à l'évitement de la décision.

Apprends à te faire confiance en sortant constamment de ta zone de confort et en essayant des choses de plus en plus difficiles. À partir d'aujourd'hui, essaye chaque jour de faire au moins une chose qui te fait peur ou qui te met mal à l'aise.

En plus, sépare chaque défi en étapes plus petites pour éviter d'être submergé. Si tu as de grands objectifs, brise-les en petites étapes.

Dernier point mais non des moindres, pense aux stratégies globales à long terme plutôt qu'aux tactiques à court terme, aux grands changements plutôt qu'aux petites modifications. Évalue ton approche actuelle et demande-toi si tu te concentres principalement sur les petites choses ou sur les perspectives à long terme les plus importantes.

QUATRE OUTILS POUR DÉVELOPPER TON AUTODISCIPLINE EN TANT QU'ENTREPRENEUR : RÉCAPITULATIF

1. Le dévouement au processus est la première clé fondamentale de l'autodiscipline pour un entrepreneur. Si tu ne te concentres pas entièrement sur ton entreprise, tu auras du mal à t'en sortir. La persistance à long terme vient de l'engagement à rester fidèle à une entreprise.

2. Renforce ton dévouement en développant un puissant effort pour devenir le meilleur dans ce que tu fais et en mettant l'accent sur la valeur que tu ajoutes au monde. Lorsque tu commences à sentir que tu *dois* le faire, tu deviens inarrêtable.

3. Sois réfléchi. Chaque fois que tu es sur le point de consacrer ton temps ou ton énergie à une grande tâche, demande-toi si c'est nécessaire. Certains entrepreneurs travaillent souvent pour le sens de la réalisation superficielle plutôt que pour obtenir des résultats concrets. Pense à un travail et à des résultats

intelligents, et non à un travail acharné et à une activité intense pour être occupé.

4. Traite les distractions en reconnaissant qu'elles se produiront et en planifiant en conséquence, par exemple, en travaillant durant des cycles de 25 minutes. Un manque de concentration mènera à des résultats médiocres, et des résultats médiocres ne mèneront pas au succès que tu recherches.

5. Une personne décisive est une personne qui fait et agit sur ses décisions au lieu d'attendre que les choses lui arrivent. Cela caractérise l'état d'esprit proactif vital pour tout entrepreneur. Gère ton énergie décisionnelle en réduisant le nombre de décisions sans importance que tu prends quotidiennement. En plus de cela, sois sélectif et réfléchis bien lorsque tu prends des décisions importantes.

6. Assume la responsabilité de tout ce qui se passe dans ta vie et pratique ta détermination en sortant constamment de ta zone de confort. Ta capacité à faire face aux problèmes et à l'échec augmentera naturellement quand tu te lanceras des défis.

Chapitre 5 : Les défis les plus courants auxquels font face les personnes qui veulent démarrer une entreprise

L'un des problèmes les plus courants rencontrés par les personnes qui souhaitent démarrer une entreprise est exactement ceci : *elles souhaitent*. Le terme que j'aime utiliser pour une personne avec ce problème est « souhaitepreneur » ou « wantrepreneur », défini par le UrbanDictionary comme « quelqu'un qui pense à être un entrepreneur ou à démarrer une entreprise mais qui ne commence jamais. »[42]

Les wantrepreneurs ne créent pas d'entreprise du tout ou prétendent qu'ils sont des entrepreneurs en exécutant de petites entreprises lucratives qui sont vouées à l'échec, souvent construites conformément aux mauvais conseils de gourous qui « font de l'argent en ligne ».

Nous avons déjà discuté du fait que le dévouement est l'une des choses les plus importantes dont tu as besoin pour réussir en affaires. En plus de cela (et d'autres traits et habitudes dont nous avons parlé jusqu'à maintenant), voici cinq autres raisons pour lesquelles les gens sont des wantrepreneurs, et comment les surmonter.

1. La peur

Si tu as toujours compté sur le salaire de ton employeur, tu peux trouver effrayant qu'en tant qu'entrepreneur, tu ne sois payé que lorsque tu obtiens des résultats. Cette peur peut devenir si paralysante que tu continues à rêver de démarrer une entreprise pendant des années, mais ne le fais jamais parce que tu as peur de mourir de faim ou de perdre ta maison.

J'aimerais te donner un processus exact, étape par étape, pour surmonter la peur, mais malheureusement, cela n'existe pas. Tout comme tu ne seras jamais prêt à 100 % à être un parent, tu ne seras jamais complètement préparé à devenir un entrepreneur. La seule façon de faire la transition est de démarrer ton entreprise.

Cela ne signifie pas que tu doives t'y mettre à fond et quitter ton job actuel. Travailler sur ton entreprise comme une chose secondaire au début, c'est un bon moyen de vaincre la peur. Cela te permettra de prendre un élan initial sans risquer de te retrouver dans une mauvaise situation financière, ce qui est particulièrement important si tu dois subvenir aux besoins de ta famille.

Si tu ne peux pas t'imaginer gagner de l'argent à partir de ta propre entreprise, commence petit avec quelque chose de simple comme :

- Acheter un objet usagé comme un téléphone ou une voiture, le nettoyer et / ou le réparer, en prendre de bonnes photos et le vendre avec une petite marge bénéficiaire. Alternativement, achète ces choses en vrac et vends-les individuellement pour un prix plus élevé. Avant j'achetais des CD de musique en vrac et les vendais individuellement. C'était une bonne expérience pour apprendre à gérer une petite entreprise sans y consacrer beaucoup d'argent ou de temps.

- Bénéficier d'un travail freelance en proposant tes services sur des sites comme Upwork (tu peux même proposer les mêmes services que tu effectues pour ton employeur actuel), devenir chauffeur dans l'une des startups de covoiturage comme Uber, ou en enseignant le français (ou d'autres langues que tu parles) sur des sites comme Italki. Avant j'écrivais des articles pour différents clients. Même si je n'appellerais pas cela une « vraie » entreprise, c'était plutôt un travail (même si j'étais le patron), cela m'a appris beaucoup de choses utiles que j'ai ensuite utilisées comme entrepreneur.

- Vendre des choses que tu as faites manuellement à travers des marchés artisanaux comme Etsy. Cela peut facilement devenir une entreprise à part entière.

Te faire même une petite somme d'argent en dehors d'un emploi régulier te permettra de développer la confiance que tu peux gagner de l'argent par toi-même. Cela t'aidera à passer d'un wantrepreneur à un entrepreneur.

Même si tu échoues lors de tes premières petites aventures, et soyons honnêtes, cela *va* arriver, tu apprendras à gérer les échecs et à continuer. Tous les entrepreneurs ont une capacité très développée pour faire face à l'échec. Si tu veux réussir, prépare-toi également à acquérir cette compétence.

2. Le perfectionnisme

Beaucoup de perfectionnistes remettent les choses à plus tard dans la crainte qu'ils ne seront pas en mesure d'obtenir des résultats parfaits.

Devine... tu n'obtiendras *jamais* de résultats parfaits dans quelque chose qui est nouveau pour toi.

Cela ne veut pas dire que tu ne devrais pas commencer, cependant.

Quand j'ai commencé à écrire des livres, j'ai expérimenté de nombreux genres, dont la fiction. Les histoires étaient embarrassantes, mais je savais que je devais les publier pour avoir des retours du monde réel. J'ai été surprise quand au lieu de commentaires 1 étoile, j'ai reçu 3 étoiles, 4 étoiles, et même quelques avis 5 étoiles. En fait, les gens *aimaient* mes livres, les mêmes que je considérais embarrassants.

Depuis, j'ai amélioré mes compétences en écriture et affiné mon approche. Si ce n'était pas pour cette première expérience et pour m'exposer à la critique, je ne serais pas où je suis aujourd'hui.

En tant que perfectionniste, tu as probablement des normes irréalistes. Heureusement, comme tu peux le voir dans de mon histoire, ce que tu penses des résultats de ton travail ne correspondra probablement pas à la perception de ton marché qui sera heureux d'utiliser ce que tu as créé.

Si tu es un wantrepreneur parce que tu as peur de ne pas faire du bon travail, imagine que ton premier produit ou service *sera* nul et fais-le quand même. Bien souvent, il ne sera pas aussi mauvais que tu le penses. En fin de compte, le faire de toute façon est la seule solution efficace pour échapper à l'inaction liée au perfectionnisme.

Remarque que le perfectionnisme s'applique également à l'attente de circonstances parfaites. Par exemple, de nombreux entrepreneurs croient qu'ils ne devraient pas démarrer une entreprise s'ils ne peuvent obtenir de financement. Devine... tu peux toujours faire *quelque chose*, même si tu n'as que cinq dollars dans ton portefeuille.

Quand je travaillais sur mon activité de logiciel, je n'avais pas assez d'argent pour développer l'ensemble de l'application. Par conséquent, j'ai commencé petit avec un produit viable minimum (un produit de base avec les dispositifs les plus essentiels dont les adoptants précoces avaient besoin) et je recueillais l'argent directement de mes clients.

L'ingéniosité peut aller loin si tu cesses d'attendre que les étoiles s'alignent en ta faveur et que tu agis quand même.

Une autre expression du perfectionnisme est de passer d'innombrables heures à étudier des livres sur l'entrepreneuriat, mais de ne jamais mettre en pratique les conseils dans le monde réel.

Il est bon de te renseigner sur les bases de l'entrepreneuriat, mais la véritable formation commerciale commence lorsque tu lances une entreprise. Ce n'est qu'alors que les concepts abordés dans les livres que tu as lus commenceront à avoir un sens, et tu seras également en mesure de filtrer les conseils qui ne s'appliquent pas à ta situation.

3. La mentalité « tout ou rien »

Une autre raison commune pour laquelle les gens continuent de vouloir faire de l'entrepreneuriat mais n'en font jamais une réalité est parce qu'ils pensent en termes de tout ou rien.

Soit ils commenceront cette grande startup sexy de la Silicon Valley dont tout le monde parlera, soit ils ne commenceront rien du tout. Pour eux, construire un produit minimum viable n'est pas suffisant.

C'est soit une invention glamour, « jamais faite auparavant » ou rien, certainement pas une version légèrement améliorée d'un produit existant.

C'est soit un énorme magasin de détail tout de suite ou rien. Tester l'idée avec un petit magasin en ligne n'est pas assez bien.

Il est facile de voir que le seul résultat d'une telle mentalité est de ne rien faire. Une personne qui pense en termes de tout ou rien attendra les bonnes circonstances (cela n'arrivera pas) ou gâchera toutes les opportunités qui se présentent à elle parce qu'elles ne produiront pas les résultats immédiats dont elle a besoin.

Encore une fois, la solution la plus puissante consiste à agir et à faire quand même quelque chose. As-tu remarqué un thème commun ?

Si tu débutes dans le monde des affaires, je suggère fortement de commencer par quelque chose de petit et de facile, juste pour acquérir de l'expérience et de la confiance.

Penser grand est admirable, mais si tu n'as aucune expérience pratique dans le domaine que tu aimerais dominer, tes chances de lancer une grande entreprise sans expérience professionnelle préalable sont nulles. Au lieu de cela, trempe d'abord ton orteil dans l'eau, aie une idée de la réalité de tes plans et ajuste en conséquence.

Avant de commencer à prendre des cours de tennis, j'avais pensé qu'il ne m'en faudrait que quelques-uns pour apprendre à jouer correctement. Je ne savais pas qu'il fallait plus d'un an ou deux pour maîtriser le jeu. Si j'avais pensé en termes de « tout ou rien » j'aurais abandonné après les premières classes.

Dans ce sens, les affaires sont comme le tennis. Ta mentalité de tout ou rien peut te tenter d'avoir des attentes irréalistes qui discréditent toutes sortes de petites réalisations et ruinent ta motivation.

Commence petit. Élargis lentement ta zone de confort. Accepte le fait qu'il est hautement improbable que ta première entreprise décolle ou que tu développes une grande entreprise tout de suite. Cependant, sans faire ces premières étapes, tu n'atteindras jamais ces grands objectifs que tu t'es fixés.

4. Trouver des excuses

Les gens trouvent des excuses parce que :

1. Ils n'ont pas assez de confiance ou de compétences en résolution de problèmes, ou leur perception de leurs capacités les fait penser qu'ils seront incapables de faire face à la réalité de la gestion d'une entreprise. Nous avons couvert ceci en parlant de la peur.

2. Ils ne courent pas après la réussite mais doivent rationaliser leur inaction. Le problème n'est pas les excuses qu'ils donnent mais leur faible motivation.

3. Ils s'inquiètent trop ou ont tendance à en faire des montagnes. Leurs excuses sont soit hors de propos ou pas aussi difficiles à traiter qu'ils ne le pensent.

Quand il s'agit de la deuxième raison pour laquelle les gens se trouvent des excuses, à savoir ne pas courir après la réussite, tout cela se résume à la mentalité.

Si la seule raison pour laquelle tu veux démarrer une entreprise c'est parce que tu veux gagner de l'argent et devenir riche, sans plus de réflexion sur pourquoi tu as besoin d'argent, il sera difficile de commencer et encore plus difficile de continuer.

Nous l'avons déjà couvert dans le premier chapitre. La motivation extrinsèque est utile, mais elle ne peut pas se suffire sans le soutien de la motivation intrinsèque et idéalement de la motivation prosociale.

Si cela fait des mois ou des années que tu remets à plus tard le fait de démarrer une entreprise, il est peut-être temps de reconsidérer tes motivations. Des millions de personnes à travers le monde veulent être millionnaires. Dans un monde idéal, peut-être qu'un petit pourcentage d'entre eux prennent des mesures cohérentes. Ceux qui y parviennent sont ceux qui sont tellement motivés que cela ressemble à une question de vie ou de mort.

Si tu te trouves des excuses parce que tu t'inquiètes trop ou que tu as tendance à faire des montagnes, il est temps de t'asseoir, de déconstruire tes soucis et de réaliser que des millions de personnes ont déjà fait face aux mêmes problèmes.

Les problèmes que tu imagines être si puissants sont souvent en réalité de petits obstacles par-dessus lesquels tu peux facilement sauter. Tant que leurs conséquences négatives n'auront pas d'impact à long terme sur toi, pourquoi tant t'en inquiéter ?

Par exemple, supposons que tu remettes à plus tard le lancement de ton entreprise parce que tu as peur de ne pas savoir comment concevoir un site Web, créer une entreprise ou utiliser un compte marchand.

Ces peurs sont-elles légitimes ? Quel est le pire qui puisse arriver si tu conçois un mauvais site Web, oublies de remplir quelques documents ou ne parviens pas à ouvrir un compte marchand approprié ?

Si tu conçois un mauvais site Web, tu peux toujours le redessiner. Ou au lieu de le concevoir toi-même à nouveau, tu peux trouver comment télécharger un modèle gratuit et avoir l'air professionnel, même si tu n'as aucune connaissance de la conception de sites Web. Dans le pire des cas, tu seras gêné.

À moins de démarrer une entreprise dans une industrie extrêmement réglementée, le risque de négliger la paperasserie est minime. Même si tu oublies de remplir certains documents et que tu reçois une amende, cela ne se produira probablement qu'une seule fois. Considère l'amende comme une expérience d'apprentissage.

Quant au sujet de l'impossibilité d'ouvrir un compte marchand ? Il n'est pas nécessaire d'accepter les paiements. Tu peux commencer avec PayPal,

Stripe, ou tout autre processeur de carte de crédit similaire. Aucun risque ici.

Déconstruis tes soucis de la même manière et réalise que tant que les conséquences négatives sont ponctuelles et n'auront pas un impact durable sur ta vie, les risques sont faibles et tes excuses ne sont pas légitimes.

5. Droit et mentalité du consommateur

L'un des pires états d'esprit qui t'empêchera d'atteindre le succès entrepreneurial est la mentalité de droit : croire que tout t'es dû simplement parce que tu existes.

Les individus entreprenants avec un tel état d'esprit s'affairent souvent à divers projets lucratifs à court terme. Ils ne lancent jamais de véritables entreprises offrant une valeur réelle à leurs clients, car leur seule préoccupation est de savoir comment faire autant d'argent aussi rapidement et facilement que possible.

Dans ce type de wantrepreneuriat, au moins tu prends des mesures, mais ce n'est pas le bon type d'action, car il est axé sur l'argent rapide et des flux de revenus éphémères. Tu ne remets pas à plus tard quand il s'agit de prendre des mesures comme d'autres wantrepreneurs, mais tu remets à plus tard le démarrage d'une entreprise légitime.

Il y a d'innombrables « auteurs » dans l'industrie de l'auto-édition qui n'y sont entrés que parce qu'ils avaient entendu dire que cela pouvait être rentable. Au lieu de trouver un moyen de servir leurs lecteurs de la meilleure façon possible, ils produisent en masse des livres de qualité médiocre.

Le résultat final est facile à prévoir : découragés par les ventes insatisfaisantes de leurs livres de qualité médiocre, ils passent à un autre projet lucratif à court terme.

Voici un remède simple à ce problème : chaque fois que tu te surprends à penser faire de l'argent rapidement avec un modèle économique non viable qui ne profite à personne d'autre qu'à toi, résiste à la tentation de le faire et pense à quelque chose de plus légitime.

La mentalité de droit est la cousine de la mentalité de consommateur. Les gens restent souvent des wantrepreneurs parce qu'ils créent une entreprise en pensant à ce qu'ils peuvent tirer de l'entreprise (penser comme un consommateur) au lieu de ce qu'ils peuvent offrir au monde (penser comme un producteur).

Ce sont les gens qui s'investissent dans les tendances et les industries les plus dynamiques, même s'ils n'ont aucune expérience en cela, qui ne veulent pas apprendre et ne se soucient pas de fournir une valeur réelle.

Pour remédier à cette situation, évalue honnêtement tes compétences, tes traits et tout ce que tu peux apporter. J'ai toujours été un écrivain, alors quand j'ai entendu parler de l'auto-édition pour la première fois, j'ai réalisé que ça pouvait correspondre parfaitement à mes compétences personnelles. Quelles sont tes capacités de commercialisation et comment peux-tu les combiner pour démarrer une entreprise et offrir une valeur au monde ?

Implication concrète

Dans ce chapitre, je vais te laisser avec une seule implication concrète. Elle l'emporte sur tout le reste et c'est la seule solution du monde réel pour surmonter le wantrepreneuriat. La voici :

1. Agis, engage-toi et modifie les choses jusqu'à ce qu'elles s'emboitent

D'accord, techniquement, nous pourrions la diviser en trois implications concrètes, mais en réalité, c'est un seul processus.

Agir, ce qui peut être aussi simple que de parler avec tes clients potentiels et de leur offrir ta solution initiale, t'aidera à surmonter l'inertie et à prendre l'élan initial. Si tu ne prends pas des mesures qui apportent une valeur réelle aux autres, tu resteras pour toujours dans le pays des rêves du wantrepreneuriat.

Aujourd'hui, effectue au moins une action qui produira un résultat direct en aidant quelqu'un. Tu n'as pas besoin de payer pour cela ; de nombreuses entreprises commencent avec des personnes qui offrent un service pour les autres ou qui offrent gratuitement un produit en tant que produit d'appel.

Cela ne se limite pas à agir, cependant. Lorsque tu obtiens enfin quelques résultats initiaux, il est temps de t'engager à ton idée d'entreprise pendant au moins six mois. Sans t'engager dans le processus, tu finiras par courir après la prochaine chose brillante.

Je suggère fortement de trouver un moyen de te tenir responsable. Par exemple, tu peux donner à ton ami une somme d'argent substantielle et lui dire de le dépenser comme il le souhaite si tu n'adhères pas à ton idée d'entreprise pour une période de temps convenue. La responsabilité publique, comme la création d'un fil de progrès sur un forum sur l'entrepreneuriat ou la participation à un groupe de réflexion, peut aussi aider.

La dernière étape, mais certainement pas la moindre, est de continuer à peaufiner les choses jusqu'à ce qu'elles se mettent en place, quel que soit le nombre d'échecs que tu rencontres en cours de route. Cette phase est ce qui différencie les entrepreneurs prospères de ceux qui abandonnent.

Quand j'ai commencé dans l'industrie de l'auto-édition, écrire et publier mon premier livre a été la première étape. M'engager dans l'industrie, jurant de ne rien essayer d'autre avant que je ne la fasse fonctionner, était la deuxième étape. Enfin, j'ai continué à tester diverses niches, styles d'écriture et approches marketing jusqu'à ce qu'elles se mettent en place et j'ai publié mon premier best-seller, *Comment développer l'autodiscipline*.

Ne lis pas simplement ce passage pour ensuite l'oublier. Teste ton idée d'entreprise aujourd'hui et gagne du terrain. Tout ce dont tu as besoin pour échapper au monde maussade des wantrepreneurs et rejoindre le monde passionnant des entrepreneurs, c'est *l'action*.

LES DÉFIS LES PLUS COURANTS AUXQUELS FONT FACE LES PERSONNES QUI VEULENT DÉMARRER UNE ENTREPRISE : RÉCAPITULATIF

1. Le wantrepreneuriat, ou souhaiter démarrer une entreprise mais ne jamais le faire, est l'un des défis les plus courants des nouveaux entrepreneurs. Les cinq raisons les plus courantes pour lesquelles ils ont recours à ce souhait, mais n'agissent jamais, sont : la peur, le perfectionnisme, la mentalité du « tout ou rien », les excuses, le droit et la mentalité de consommateur.

2. Une peur de démarrer une nouvelle entreprise, ou plutôt, les conséquences négatives perçues d'un échec, peuvent tellement te paralyser que tu rêves de devenir travailleur indépendant pendant des années sans jamais agir. Pour résoudre ce problème, commence petit avec une idée d'entreprise qui ne nécessitera pas beaucoup de capital, de temps et d'implication. Élargis lentement ta zone de confort

jusqu'à ce que tu te sentes prêt à passer à l'entrepreneuriat à temps plein. Il n'y a pas besoin d'aller à fond dedans tout de suite.

3. Le perfectionnisme est une autre raison du wantrepreneuriat. Si tu crains que ton entreprise ne soit pas parfaite tout de suite, tu remettras toujours à plus tard le lancement de quoi que ce soit. Pour résoudre ce problème, imagine que ton premier produit *sera* nul et fais-le quand même. À un moment donné, chacun des entrepreneurs les plus aguerris de l'histoire étaient novices.

4. La mentalité du « tout ou rien » est un état d'esprit dans lequel tu lances une entreprise qui change le monde ou tu ne fais rien. Malheureusement, rarement, voire jamais, un nouvel entrepreneur lancera une entreprise qui rencontrera beaucoup de succès immédiatement. Il faut des années pour acquérir de l'expérience dans la vraie vie. Débarrasse-toi de tes attentes irréalistes en démarrant une petite entreprise. Ta première entreprise ne sera probablement pas ton occupation à vie, de toute façon.

5. Les wantrepreneurs trouvent souvent des excuses. Ils font cela parce qu'ils ont peur, parce qu'ils manquent de motivation ou parce qu'ils s'inquiètent trop et ont tendance à en faire des montagnes.

Si tu trouves des excuses parce que tu as peur, réexamine comment échapper au wantrepreneuriat si tu ressens de la peur. Élargis lentement ta zone de confort pour détruire le sort que tes excuses ont jeté sur toi.

Si tu trouves des excuses parce que tu manques de motivation, il est temps de revoir ta raison et d'ajouter des motivations intrinsèques et prosociales plus fortes. Si ta seule motivation est une Ferrari, tu ne feras probablement pas tous les sacrifices nécessaires et continueras à pousser (à moins que tu aimes les Ferraris plus que tout dans ta vie).

Si tu trouves des excuses parce que tu t'inquiètes trop, déconstruis tes soucis et pose-toi des questions sur les effets négatifs potentiels de tes angoisses. Vont-ils causer un problème ponctuel ? Cela affectera-t-il vraiment ta vie ou seras-tu capable de continuer tout de suite ? Bien souvent, les problèmes que tu imagines dans ta tête ne sont que de petits obstacles.

6. Tu ne peux pas approcher ton entreprise en tant que consommateur, et encore moins avec le sentiment que tu as droit au succès. Pense aux affaires comme à un véhicule qui peut t'aider à servir les autres et comme une aide pour toi-même. Les gens qui se concentrent sur l'argent plutôt que sur tout le reste, au lieu de penser à la façon dont ils peuvent créer de la valeur avec leurs compétences personnelles, sont ceux qui échouent dans leurs projets lucratifs et abandonnent.

Chapitre 6 : Des défis communs d'autodiscipline pour les entrepreneurs expérimentés

Les entrepreneurs expérimentés ne font peut-être plus face à certains des problèmes les plus courants des nouveaux entrepreneurs, mais cela ne signifie pas que leurs problèmes ont disparu. Bien souvent, les anciens défis sont remplacés par un nouvel ensemble de défis qui peuvent être aussi difficiles que ceux de développement.

Dans ce chapitre, nous allons discuter de ces problèmes et des solutions à leur apporter. Même si tu as quelques années d'expérience en affaires, tu as probablement déjà fait face à certaines de ces difficultés ou bien tu en as même encore. Cependant, elles aussi peuvent être résolues, et il est crucial que tu le fasses si tu veux rester un entrepreneur prospère pour le reste de ta vie.

Te reposer sur tes lauriers

Les entrepreneurs expérimentés succombent souvent à la tentation de prendre le temps. Il est compréhensible que lorsque tu atteins certains de tes objectifs, tu perdes l'engouement initial qui t'a permis de maintenir une forte éthique de travail. Cependant, y aller trop doucement conduit souvent à une pente glissante.

Tout comme tes muscles ont besoin de séances d'entraînement régulières pour maintenir leur force et leur masse, ton autodiscipline a besoin d'une « séance d'entraînement » constante pour rester au top niveau.

Même les entrepreneurs les plus prospères continuent à avancer parce qu'ils savent que s'ils ne se défient pas continuellement, ils perdront leur avantage.

Dans son entretien avec NBC News, Steve Jobs a déclaré : « Je pense que si tu fais quelque chose et que ça se passe plutôt bien, alors tu devrais faire quelque chose d'autre de merveilleux, ne pas t'y attarder trop longtemps. Trouve juste la prochaine étape. »[43]

Bien sûr, pars en vacances ou détends-toi un temps si tu as rencontré un grand succès, mais résiste à la tentation de penser que c'est acquis à vie. Le succès n'est pas un acquis, c'est un processus continu à maintenir de bonnes habitudes et à prendre des mesures constantes.

Je connais une personne qui est passée d'une entreprise prospère, presque passive, à un revenu nul du jour au lendemain, juste parce qu'elle pensait avoir réussi et a négligé son entreprise pendant trop longtemps. Elle en a tiré des leçons et a rebondi, mais je suis sûr que tu préfères ne pas te retrouver dans une situation similaire.

Voici trois suggestions pratiques qui t'aideront à éviter de te reposer sur tes lauriers et à renforcer ta détermination à continuer de pousser malgré la réalisation de tes objectifs à long terme :

1. Lance-toi des défis

Les entrepreneurs prospèrent grâce aux défis et à une croissance constante. Si tu as atteint tes objectifs d'affaires initiaux et que tu as cessé de sortir de ta zone de confort, il n'est pas étonnant que tu n'aies pas envie de pousser plus loin.

Pour être enthousiasmé par les nouvelles opportunités et te mettre au défi, tu peux :

- Créer de nouveaux produits ou services. Expérimente avec différents types de produits et services. Pour moi en tant qu'auteur, écrire un livre après l'autre peut devenir fastidieux. Pour lutter contre le manque de stimuli, j'ai commencé à créer des cours vidéo et des cours audio.

- Entrer dans un nouveau marché. Vends tes produits dans un autre pays ou à un groupe de clients différent. Je fais traduire mes livres en langues étrangères.

- Étendre ton entreprise dans une autre industrie connexe, idéalement convergente avec ton industrie primaire. Par exemple, si tu vends des services de conseil à des startups, il est probable qu'ils achèteront également des logiciels dédiés chez toi.

Lorsque tu te mets à nouveau dans une position de débutant, tu éprouves un sentiment de défi renouvelé pour te motiver à continuer de faire croître ton entreprise.

Assieds-toi, prends un bloc-notes ou crée un nouveau document sur ton ordinateur et dresse une liste des nouveaux produits, services, marchés, industries ou autres améliorations que tu peux apporter à ton entreprise pour te lancer dans de nouvelles opportunités.

2. Récompense-toi

Beaucoup d'entrepreneurs se reposent sur leurs lauriers parce qu'ils ont atteint leurs buts financiers. Ajouter plus de numéros à leurs comptes bancaires n'est plus une motivation suffisante, alors ils se laissent aller.

Évidemment, la première étape serait de trouver des motivations intrinsèques et prosociales, mais tu peux commencer par quelque chose de plus simple, à savoir, te récompenser en traduisant le sens virtuel de l'argent dans ton compte bancaire en quelque chose de réel.

Dépenser de l'argent sur des choses qui peuvent améliorer considérablement ton bonheur pendant une longue période de temps peut être juste suffisant pour te rappeler que tu as travaillé dur pour ton entreprise pour une raison, et cette raison n'est pas quelques chiffres dans ton compte bancaire, mais une réelle amélioration de ta qualité de vie.

Je suis frugal par nature. Cette tendance a parfois un impact négatif sur ma motivation parce que je suis réticent à dépenser de l'argent pour des choses qui relanceraient l'étincelle en moi, comme les voyages.

Pendant un certain temps, j'ai manqué de motivation pour travailler. Quelques jours avant d'écrire ce paragraphe, je me suis convaincu de ne pas être si avare et j'ai acheté des billets pour un voyage outre-mer de deux semaines.

Comme par magie, ma motivation est revenue du jour au lendemain, non parce que l'argent dépensé pour le voyage a fait une grosse entorse à mes économies et ai ressenti le besoin de les réapprovisionner, mais cela a transformé le sentiment virtuel d'argent sur mon compte en une expérience vécue dans le monde réel.

Si tu ne t'es pas encore récompensé pour ton succès avec quelque chose de plus substantiel que de simples chiffres sur ton compte bancaire, envisage de le faire.

Je suggère fortement de le dépenser dans des expériences comme le voyage ou du temps de qualité passé avec les amis et la famille. De nombreuses études[44, 45, 46, 47] montrent que les achats expérientiels améliorent davantage le bonheur et pour une période plus longue que les achats matériels.

Une nouvelle voiture vieillit en quelques mois. Un voyage à Hawaii avec ton autre moitié restera avec toi pour toujours. Quand tu seras rechargé et détendu, il est très probable que tu *voudras* arrêter d'être complaisant et te remettras au défi à nouveau.

3. Commence une nouvelle entreprise

Si ton entreprise n'a plus besoin de ton implication personnelle, envisage de créer une nouvelle entreprise. Maintenant que tu as un flux régulier de revenus et beaucoup d'expérience en affaires, la gestion de plusieurs entreprises n'est plus une mauvaise idée pour un nouvel entrepreneur.

Le défi et l'excitation de construire quelque chose à partir de rien ont le potentiel de ressusciter ton énergie entrepreneuriale et ton éthique de travail.

Plus la nouvelle entreprise sera différente de l'existante, plus l'expérience sera stimulante. Tu te débarrasseras de l'ennui et te sentiras à nouveau excité. Comme l'écrivait l'entrepreneur à succès Neil Patel dans son article pour Entrepreneur.com intitulé « Pourquoi tu ne devrais jamais démarrer une seule entreprise », si tu continues à démarrer de nouvelles entreprises, tu ne vivras jamais une autre journée ennuyeuse dans ta vie.

Il a également souligné que le démarrage de plusieurs entreprises te permet de rester dans le bain. Dans ses termes : « Chaque fois que tu démarres une nouvelle entreprise, tu apprends quelque chose de nouveau. Dans mes activités entrepreneuriales, j'ai lancé des entreprises dans des industries que je ne connaissais pas du tout. Apprendre est la moitié du plaisir de faire, et garde ton esprit vif et tes compétences fraîches. »[48]

Garder ton esprit vif est le contraire de la complaisance dangereuse qui te fait perdre la volonté de grandir.

Enfin et surtout, Neil dit : « L'une des pires choses que tu puisses faire avec ton expérience est de la gaspiller. L'expérience est destinée à être utilisée, partagée et mise en pratique, pas étouffée. »

Et cela résume bien pourquoi te reposer sur tes lauriers n'est pas une bonne idée. Détends-toi de temps en temps et profite des fruits de ton travail. Cependant, ne prive pas le monde et toi-même du don de ton expérience. Reste vif et continue de grandir.

Le burnout

Les entrepreneurs qui se retrouvent coincés dans une routine perdent souvent la volonté de continuer à travailler sur leur entreprise. Et comme nous l'avons déjà appris, un manque d'enthousiasme tue la motivation.

Mon expérience personnelle suggère que tu ne peux pas forcer le chemin à travers un burnout. Cela ne disparaîtra pas du jour au lendemain. Bien souvent, cela fait longtemps que cela mijote à l'intérieur de toi.

Cependant, cela ne signifie pas que tu devrais prendre ton temps et espérer que cela se résoudra sans aucune action de ta part.

La première action cruciale pour combattre le burnout est de faire une pause. Ne te leurre pas en pensant que tu vas le faire disparaître avec plus de travail. C'est comme essayer de guérir une blessure en effectuant la même activité qui l'a causée. Tout comme en sport, il est temps de faire une pause et de laisser ton corps (et ton esprit) guérir, sans aggraver la blessure.

Prends une semaine entière de congé au minimum. Éloigne-toi de ta routine quotidienne autant que tes obligations te le permettent. Je favorise le voyage, mais cela peut être tout ce qui brise ta routine et met de la distance entre toi et ton entreprise.

Pendant cette pause, prends soin de toi. Mange sainement, dors autant que tu le souhaites, déconnecte-toi, occupe-toi avec des activités agréables. Il s'agit de te réinitialiser, donc aucun travail réel ne devrait être fait pendant ce temps. Si tu ne peux pas laisser ton entreprise à elle-même, trouve au moins un moyen de travailler le moins possible. Ce n'est pas le moment de penser à la santé de ton entreprise, ton bien-être devrait être ta priorité.

Si tu souffres de burnout depuis longtemps, ne t'attends pas à une pause d'une semaine pour te ramener au sommet de ta forme. Cela peut prendre un, deux ou trois mois. Tu ne peux pas inverser des années de mauvaises habitudes alimentaires avec une semaine de régime, et tu ne peux pas faire face à un épuisement à long terme avec une pause de sept jours.

Quand tu reviendras de tes vacances, tu n'auras peut-être pas vraiment envie de travailler, mais au moins ton esprit et ton corps seront rechargés. Il est temps d'augmenter doucement ta détermination en faisant quelque chose, *quoi que ce soit*.

Entrepreneur, programmeur et écrivain à succès, Derek Sivers suggère dans son article *Quand tu es extrêmement peu motivé,* de commencer à faire des choses que tu remets à plus tard depuis des années mais qui doivent être faites. En conséquence, tu passeras de ne rien faire à faire quelque chose, et cela te donnera finalement envie de faire quelque chose d'important à nouveau.[49]

Ce petit truc est un bon moyen de passer de la période de récupération à la réinsertion dans ta routine précédente. Alternativement, commence par des tâches simples et rapides et étire lentement ta zone de confort jusqu'à ce que tu te remettes dans le bain.

Si tu souffres de burnout à la limite de la dépression, parles-en à un professionnel. Des problèmes psychologiques plus profonds exigent une thérapie, pas un livre de développement personnel.

Dire « oui » à trop de choses

Dire « oui » à trop de choses est un autre défi commun aux entrepreneurs chevronnés. Comme nous l'avons déjà mentionné, le lancement d'un nouveau produit ou le démarrage d'une nouvelle entreprise peut aider si tu as besoin de motivation. Cependant, comme pour tout, la modération est la clé. Il ne faut pas avoir les yeux plus gros que le ventre.

Souvent, une fois que ton entreprise commence à fonctionner plus facilement, tu sentiras la tentation de démarrer de nouveaux projets que tu as toujours voulu faire. Cela peut être une bonne chose jusqu'à ce que tu remplisses toute ta journée de travail et que tu perdes l'équilibre.

L'objectif si dur à atteindre pour lequel tu as travaillé, à savoir bâtir une entreprise prospère qui te donnera la liberté de faire ce que tu veux, t'amène à encore plus de travail, plus de responsabilités, et encore moins de temps pour toi.

Décidant de capitaliser sur mon expérience en tant qu'auteur auto-publié, j'ai lancé en tant que projet parallèle un service aidant d'autres écrivains à obtenir des critiques honnêtes de leurs livres.

Malheureusement, au fil des semaines, j'ai commencé à consacrer de plus en plus de temps et d'énergie à mon entreprise secondaire au détriment de l'écriture.

Quand j'ai réalisé que je n'avais plus assez de temps, j'ai vendu mon entreprise de services. J'ai retrouvé la clarté et amené ma société d'auto-édition au niveau suivant.

Dire « oui » à un nouveau projet était facile. L'éliminer de ma vie a pris plusieurs semaines. L'expérience m'a appris que les projets secondaires peuvent rapidement dévorer ton entreprise principale, et si tu ne le réalises pas assez tôt, ils peuvent la détruire complètement.

La prévention est plus facile que la guérison. Réfléchis longuement avant de prendre de nouvelles responsabilités qui peuvent être difficiles à éliminer de ta vie plus tard. Je suggère de suivre ces trois règles simples :

1. Un rôle exigeant et actif à la fois

Cette règle à elle seule t'épargnera beaucoup de problèmes. Si tu envisages de démarrer un projet secondaire, ne le fais que si ton activité principale peut se développer sans ta participation directe. Si ton absence l'affecte négativement, ne prends pas plus de responsabilités.

Si tu as des systèmes en place et / ou des employés qui gèrent le fonctionnement quotidien de l'entreprise et qui sont en mesure de la développer sans ta participation active, tu es libre de travailler sur un nouveau projet. Sinon, trouve un moyen de t'extraire de l'entreprise avant de penser à de nouvelles responsabilités.

2. Sois un investisseur, pas un entrepreneur

L'une des plus grandes erreurs que j'ai commises avec mon entreprise de services était que j'y avais assumé le rôle principal au lieu de l'approcher en tant qu'investisseur. Si j'avais embauché une personne dont la tâche était de faire croître l'entreprise sous ma direction, je n'aurais pas été aussi investi dans l'entreprise.

Si tu songes à lancer un nouveau projet, regarde-le avec un œil d'investisseur. Peut-il fonctionner et croître avec toi en tant que personne supervisant l'opération au lieu d'être celui qui fait le travail ? Peux-tu développer des processus qui minimiseront ton engagement personnel et actif ?

Si tu ne peux pas, il est fort possible que l'entreprise domine bientôt toutes tes journées. Si tu es prêt pour cela, alors fais-le. Si tu veux l'exécuter en tant que projet parallèle, reconsidère l'idée.

Cela ne signifie pas que tu ne devrais pas démarrer une nouvelle entreprise si elle ne peut pas fonctionner sur pilotage automatique dès le premier jour. Une entreprise en croissance exige toujours au moins une certaine implication personnelle, mais il y a une différence entre assumer le rôle d'un propriétaire qui fournit des conseils et un PDG activement impliqué qui gère tout.

3. Pense sur le long terme

Enfin et surtout, ne te consacre pas à de nouveaux projets sans avoir une porte de secours, que tu souhaites vendre l'entreprise, l'automatiser ou la confier à un gérant. Ne pas planifier à long terme comporte le risque d'en supporter trop sur tes épaules sans pouvoir te débarrasser du poids rapidement.

J'ai eu la chance d'avoir créé mon entreprise de services pour qu'elle soit vendable dès le départ. Si je ne l'avais pas fait, j'aurais eu plus de mal à l'éliminer de ma vie, ou j'aurais dû assumer les pertes et fermer boutique au lieu de la vendre, perdant tout ce que j'y avais investi à ce moment-là.

Sois particulièrement prudent en ce qui concerne les obligations à long terme comme les contrats à long terme, les gros achats nécessaires pour l'entreprise ou l'embauche d'employés à temps plein. Ces fardeaux peuvent te piéger et transformer ta vie en cauchemar lorsque tu décides d'arrêter.

Trois implications clés à prendre en compte

Voici trois implications pratiques pour faire face aux défis communs des entrepreneurs plus expérimentés :

1. Rallumer l'étincelle

Accomplir tous tes objectifs et l'ennui qui en résulte peut te faire te reposer sur tes lauriers. Te laisser aller trop longtemps te fera perdre les habitudes qui t'ont fait réussir. Si tu te reposes sur tes lauriers depuis trop longtemps, il est temps de relever un nouveau défi et de rendre ton entreprise encore plus excitante.

Pense à un nouveau produit ou service à lancer. Envisage d'aller dans d'autres marchés ou industries. Enfin, si ton entreprise n'a plus besoin de ton implication personnelle active, envisage de lancer une nouvelle entreprise.

Si tu te reposes sur tes lauriers parce que tu n'as pas envie de continuer après avoir atteint tous tes objectifs financiers à long terme, récompense-toi par une expérience agréable qui transformera les chiffres de ton compte bancaire en quelque chose de réel et d'inspirant. Même un court voyage peut être suffisant pour te motiver à retourner au travail afin que tu puisses faire plus de voyages à l'avenir.

2. Fais une pause

Pour faire face à un burnout, une longue pause n'est pas simplement recommandée, c'est vital.

Si tu as envie de vomir lorsque tu penses au travail, il est temps de déconnecter, de partir en vacances et de rester aussi loin que possible des tâches professionnelles.

Ne te sens pas coupable de ne pas travailler ou de perdre ton éthique de travail. À ce stade, ce qui est important est de retrouver la santé mentale, ne te préoccupe pas de l'autodiscipline.

Si tu peux te le permettre et que tes obligations ne limitent pas tes options, réserve des vacances maintenant et pars pendant au moins une semaine. Une destination idéale est un pays étranger qui te fournira de nouveaux stimuli et t'aidera à ne plus penser au travail. Si tu ne peux pas simplement faire tes valises et partir, concentre-toi sur les soins personnels quotidiens. Dors suffisamment, mets de l'ordre dans ton alimentation, fais de l'exercice, pratique tes loisirs et passe du temps avec des gens que tu aimes.

3. Mets de l'ordre dans ta vie d'affaires

Fais une évaluation de tes responsabilités commerciales. Demande-toi quelles sont celles que tu peux maintenir à long terme et lesquelles ajoutent beaucoup de travail sans apporter beaucoup d'avantages.

Puis trouve des moyens d'éliminer les responsabilités inutiles et de redéfinir les priorités de celles qui sont plus importantes.

DES DÉFIS COMMUNS D'AUTODISCIPLINE POUR LES ENTREPRENEURS EXPÉRIMENTÉS : RÉCAPITULATIF

1. Les entrepreneurs chevronnés peuvent se sentir tentés de se reposer sur leurs lauriers, pensant qu'ils ne doivent plus faire d'efforts pour s'améliorer. Bien qu'il soit bon de célébrer le succès, cela peut être préjudiciable à tes résultats à long terme si tu prends ton entreprise pour acquise et glisses vers de mauvaises habitudes.

2. Les trois principales solutions pour ne pas te reposer sur tes lauriers sont : établir de nouveaux défis en créant de nouveaux produits et services ou entrer dans de nouveaux marchés et industries, te récompenser (si tu y es allé doucement à cause du manque de motivation), et commencer une nouvelle entreprise (si tu as besoin d'un nouveau défi).

Chaque fois que tu te sens trop content de toi, rappelle-toi que prendre les choses pour acquises n'est pas profitable, en particulier dans les affaires.

3. Le burnout est un autre défi commun aux entrepreneurs expérimentés. Si tu es coincé dans une routine, évade-toi en faisant un break. Passe ce temps en voyageant, en te dorlotant, en adoptant des habitudes saines et en pratiquant des loisirs et des activités qui te font te sentir bien. Mets de côté la culpabilité de ne pas travailler et recharge tes batteries.

Lorsque tu te sens reposé, remets-toi doucement en jambes en effectuant de petites tâches qui t'emmèneront de l'inactivité à faire *quelque chose*, même si ce n'est pas particulièrement urgent ou important.

4. Dire « oui » à trop de choses peut mener à l'accablement et à l'épuisement à cause de toutes les responsabilités que tu as à assumer.

La chose la plus importante à retenir à propos d'en faire trop est qu'il est facile de dire « oui », mais difficile de dire « stop » une fois que tu as pris en charge la nouvelle obligation. Pour cette raison, il est crucial de devenir extrêmement prudent et conscient lorsque tu envisages de commencer de nouveaux projets.

Pour éviter les semaines de travail de 100 heures, suis trois règles simples :

1. N'aie pas plus d'un rôle actif et exigeant dans une entreprise. Si tu es PDG d'une entreprise, ne commence pas une autre entreprise avant que ton entreprise principale puisse se développer sans toi.

2. Pense comme un investisseur au lieu d'un homme d'affaires. Si tu as une entreprise et que tu veux en créer une autre en tant que projet parallèle, structure-la dès le départ comme une entreprise à proprement parler plutôt qu'une entreprise individuelle. L'objectif est de travailler *sur* l'entreprise au lieu de travailler *dans* l'entreprise.

3. Aie une porte de secours. Ne commence pas un nouveau projet juste parce que ce sera amusant. Réfléchis aux possibilités futures de quitter l'entreprise au cas où tu ne voudrais plus y consacrer ton énergie ou si cela te détournerait trop des autres priorités.

Chapitre 7 : Foire aux questions sur l'autodiscipline

Les questions auxquelles je vais répondre viennent de mes lecteurs qui ont partagé avec moi leurs défis et problèmes les plus communs. Pour différentes raisons je ne pouvais pas y répondre dans les chapitres précédents, alors j'ai décidé de toutes les couvrir dans le dernier chapitre du livre.

Note que je ne peux pas relever tous les défis possibles, mais la solution à un problème peut souvent aider à gérer une autre difficulté. De plus, de nombreuses questions et suggestions subséquentes sont suffisamment étendues pour couvrir un grand nombre de questions connexes.

En raison du nombre de sujets que nous aborderons dans ce long chapitre, les implications pratiques se produiront juste après chaque question plutôt qu'à la fin du chapitre. Par conséquent, le récapitulatif final à la fin du chapitre ne couvrira que les points les plus essentiels.

Sans plus attendre, commençons.

Q : Comment est-ce que je maintiens l'autodiscipline lorsque je fais des tâches ménagères ou non créatives comme la comptabilité ?

La délégation est la réponse.

Même une tâche qui s'effectue par une seule personne peut être déléguée à d'autres personnes.

Il est peu logique de puiser dans ta volonté pour te forcer à travailler sur des tâches que tu ne fais pas bien comme la comptabilité, la conception graphique ou la programmation. Faire des choses que tu détestes épuisera de l'énergie que tu aurais pu utiliser sur les tâches clés. Dès que tu peux te le permettre, délègue chaque tâche commerciale qui n'est pas ta force.

Si tu ne peux pas te permettre de déléguer certaines tâches, fais-les toutes un même jour où il se passe peu de choses, comme le week-end. De cette façon, elles n'occuperont pas ton esprit pendant la semaine de travail alors que tu devrais te concentrer sur les priorités.

Enfin et surtout, si tu ne peux pas te permettre de déléguer des tâches que tu trouves ennuyeuses, tu ferais aussi bien de trouver du plaisir à les faire ou de te rappeler pourquoi elles sont utiles.

Par exemple, pour une de mes entreprises, j'avais besoin de créer une longue liste de clients potentiels. Il a fallu d'innombrables heures de collecte de données. J'aurais pu grogner tellement je détestais cela, et pendant un certain temps c'est ce que j'ai fait. Puis je me suis rappelé que le document que je construisais était important. Je n'aimais peut-être pas la collecte de données, mais le résultat final, une liste de clients potentiels, me rapporterait de l'argent.

Changer d'attitude n'a pas changé le fait que je devais faire cette tâche, mais au moins je me sentais mieux de la faire. C'est toi qui décide comment ton travail te fait te sentir.

Implications pratiques

Détermine quelle tâche prend le plus de temps ou d'énergie et délègue-la à quelqu'un d'autre. Si tu n'as toujours pas délégué la comptabilité à un professionnel, prends d'abord soin de cela. Même si tu es un comptable professionnel, ton travail en tant qu'entrepreneur est de développer ton entreprise, pas de t'inquiéter de la paperasse.

Si tu as déjà délégué ces tâches, envisage de déléguer des tâches administratives fastidieuses comme la saisie de données ou des tâches que tu ne réussis jamais bien, comme la conception graphique ou la programmation.

Si tu ne peux pas te permettre de déléguer, choisis un jour par semaine où tu t'occuperas de tous les travaux que tu détestes faire.

Enfin, si tu ne peux pas déléguer certaines tâches, essaye de changer ton attitude à leur sujet. Tu as le contrôle sur la façon dont ces tâches te font te sentir, alors trouve un moyen de leur donner un sens ou de les rendre plus amusantes à faire.

Q : Comment rester motivé lorsque je me sens découragé ?

Tous les entrepreneurs doivent constamment apprendre de nouvelles choses et surmonter les défis pour rester au top. Habitue-toi à cela ; un entrepreneur doit être capable de prospérer malgré les difficultés.

Pour maintenir la détermination lorsque les choses se compliquent et que tu te sens découragé, la prévention, définir les bonnes attentes, sont la clé. Méfie-toi du syndrome du faux espoir, un cycle d'échec et un effort renouvelé dans lequel les gens ont des attentes irréalistes de changement de soi.[50]

Ce problème est particulièrement fréquent chez les entrepreneurs ayant peu ou pas d'expérience en affaires et qui se fixent des objectifs presque impossibles à atteindre.

Comprends-moi bien. C'est bien de penser grand. Cependant, il y a une limite entre penser grand et être irréaliste, et il peut être difficile de faire la différence si tu n'as pas beaucoup d'expérience en affaires.

De manière générale, il est bon de s'entendre avec le fait que :

1. Il est très improbable que ta première entreprise connaisse un énorme succès.

Funders and Founders, une société de design spécialisée dans l'infographie, a créé de nombreuses infographies dans lesquelles elle montre les chemins des entrepreneurs les plus prospères.[51] Une chose que tu peux apprendre de ces infographies est que chaque entrepreneur a besoin d'au moins quelques essais avant d'obtenir un grand succès.

Par exemple, le milliardaire britannique Richard Branson et le milliardaire américain Mark Cuban ont tous deux démarré quatre entreprises avant de réaliser leur premier million.

Lorsque tu reconnais que ta première entreprise ne connaîtra probablement pas de succès, tu t'épargnes une déception qui pourrait autrement ruiner ta détermination.

Note que cela ne signifie pas que tu doives t'attendre à ce que ton entreprise fasse faillite. Les échecs spectaculaires se produisent rarement. Tu es plus susceptible de perdre de l'argent ou de rentrer dans tes frais. Ne laisse pas un manque de succès te dissuader de démarrer une entreprise, cependant. Perdre un peu et gagner un peu est une partie du processus pour acquérir de l'expérience.

2. Il est rare qu'un jeune ayant peu ou pas d'expérience de travail lance une entreprise qui couvrira tous ses frais du quotidien en quelques mois. Il faut des années pour développer l'éthique de travail, l'état d'esprit et acquérir suffisamment de connaissances pour lancer une entreprise prospère.

Si tu es jeune et inexpérimenté, tiens compte du fait que ton aventure prendra probablement quelques années avant que tu puisses te considérer un entrepreneur à temps plein et avoir le revenu pour le prouver.

Il m'a fallu environ sept ans pour mûrir en tant qu'entrepreneur (et oui, je me suis aussi trompé en pensant que cela ne prendrait pas si longtemps). Mon histoire n'est pas rare. La plupart des entrepreneurs que je connais ont suivi un processus similaire.

Les choses sont plus simples pour les personnes qui possèdent des compétences de marché et une éthique de travail développée dans un emploi de jour. Avoir un boulot n'est peut-être pas ce que tu veux, mais c'est une base solide pour faire la transition vers l'entrepreneuriat.

Selon le rapport *Freelancing in America 2015*, 60% des travailleurs indépendants qui ont quitté leur emploi aujourd'hui gagnent plus, et parmi ceux-ci, 78% ont indiqué qu'en moins d'un an ils gagnaient plus dans leur travail indépendant que dans leur emploi.[52]

Maintenant, ces chiffres pourraient ne pas être un échantillon représentatif à 100 %. Cependant, cela montre quand même qu'il n'est pas rare que les personnes qui possèdent déjà les compétences nécessaires bâtissent une entreprise prospère, même en une année.

3. Les choses sont censées être difficiles. Si ce n'était pas le cas, plus de gens seraient des entrepreneurs prospères. Les difficultés sont comme un rite de passage, et certaines personnes passent à l'entrepreneuriat tandis que d'autres sont écartées.

Si tu commences ton aventure avec l'hypothèse que tout se fera les doigts dans le nez, attends-toi à une mauvaise surprise. Je suggère fortement de lire au moins quelques biographies d'entrepreneurs prospères pour comprendre que l'acquisition d'une expérience commerciale précoce est synonyme de défis et d'échecs constants.

Après avoir défini les bonnes attentes et reconnu la réalité, une autre façon de rester motivé quand les choses sont difficiles est de trouver du plaisir dans le processus.

Quand tu changes ton attitude de « Je serai heureux quand je ferai x quantité d'argent avec mon entreprise » à « Je suis reconnaissant d'être dans cette aventure, les résultats suivront bientôt », ce sera plus facile de gérer les mauvais moments. Aie ton objectif en tête, mais n'oublie pas d'apprécier tes réalisations actuelles, aussi modestes soient-elles.

Enfin et surtout, chaque fois que tu te trouves dans une situation difficile et que ta motivation s'épuise, rappelle-toi qu'une fois que tu auras surmonté tes problèmes, tu auras une grande histoire de guerre à raconter.

Une de mes entreprises m'a endetté. C'était difficile de rester positif quand j'étais constamment inquiet sur la façon de garder mon entreprise en vie *et de* sortir des dettes. Ce qui m'a aidé à rester motivé était de me rappeler que je finirais par gérer ces problèmes, ce qui ferait de moi une personne plus forte. J'aurais aussi une belle histoire à partager. Cela semble banal, mais de tels rappels peuvent faire toute la différence quand tu te sens vaincu.

Implications pratiques

Définir les bonnes attentes est la clé pour éviter de grandes déceptions.

Lis quelques histoires du monde réel d'entrepreneurs prospères pour comprendre le long processus nécessaire pour y arriver. Pour te renseigner sur le temps qu'il faut pour qu'une personne normale réussisse, cherche aussi des histoires de personnes lambda. Les blogs et les forums pour les entrepreneurs sont pleins de telles histoires.

Si tu te sens déjà vaincu, change d'attitude. Concentre-toi sur ce qui est juste (même si c'est une petite chose) et rappelle-toi que c'est une phase et non une situation permanente.

Q : Comment puis-je maintenir l'autodiscipline quand tout le monde dit non ?

Tous ceux qui ont déjà travaillé dans les ventes savent combien il peut être affaiblissant de s'entendre dire « non » sans arrêt. Plus tu as de rejets, moins tu es motivé. Comment t'assurer que tu n'abandonneras pas même si tout le monde te dit « non » ?

1. Donner une valeur monétaire au « non »

Le pire dans le rejet constant, c'est que ça ne te mène nulle part. Et si tu n'obtiens pas de résultats pendant longtemps, le découragement s'installe. Si tu as déjà reçu des oui, même quelques-uns, tu peux deviner le ratio des réponses « oui » et « non » et donner une valeur monétaire à ton « non ».

Par exemple, si chaque « oui » signifie une vente de 100 euros et que tu obtiens un « oui » sur 100 appels, chaque rejet « génère » un euro parce que c'est un « non » plus proche d'un « oui » de 100 euros.

Évidemment, les statistiques n'ont pas à fonctionner exactement comme dans cet exemple mais ce n'est pas de cela que je parle. Ce qui est important, c'est que donner une valeur monétaire au « non » te donne l'impression d'accomplir quelque chose. Ce n'est plus une entreprise stérile, mais un processus qui mène finalement au succès.

Rappelle-toi les paroles de Thomas Edison : « Je n'ai pas échoué. J'ai simplement trouvé 10 000 choses qui ne fonctionneront pas. » Chacun de ces échecs était un investissement précieux pour la récompense finale.

2. Concentre-toi sur l'action elle-même

J'étais une personne extrêmement timide. Pour surmonter ma timidité invalidante, je me suis forcé à approcher les femmes dans la rue. Comme tu peux probablement l'imaginer, la plupart des femmes approchées par un étranger le rejettent immédiatement. Si je m'étais concentré exclusivement sur le résultat, j'aurais abandonné tôt, gêné à cause de tous les rejets.

Par conséquent, mon but principal n'était pas de trouver une copine, mais simplement de faire une approche malgré la peur. Ce qui se passait après que j'aie prononcé les premiers mots ne comptait pas.

Cependant, comme je n'étais pas attaché à un résultat particulier, je me suis bien débrouillé et j'ai eu des réactions positives.

Une fois que j'ai surmonté la peur et suis devenu à l'aise en approchant les femmes, les résultats sont venus naturellement comme un sous-produit de moi me concentrant sur l'approche en soi.

J'ai essayé la même approche dans les affaires (sans comparer les femmes aux affaires). Au lieu de me concentrer sur le résultat final, je me suis assuré d'aider un client potentiel autant que possible. Certes, il est plus difficile de ne pas t'attacher à un résultat si tu es fauché et dois faire des ventes, mais cela *est* possible. Fais un effort pour te concentrer sur la tentative en elle-même et aider ton client potentiel. Bien souvent, cela projettera une aura confiante qui l'attirera vers toi.

3. Évite d'entendre un « non » catégorique

Dans de nombreuses entreprises, les gens s'appuient sur des techniques de marketing brutes. Au lieu d'attirer les gens, ils les poussent à acheter leurs produits. Bien que cette approche puisse encore fonctionner dans certaines industries, les consommateurs rejettent de plus en plus la vente poussée. De moins en moins de gens acceptent de recevoir des appels de vente ou des e-mails sans les avoir demandés.

Fais du marketing de permission : un type de marketing où le client potentiel vient à toi plutôt que l'inverse. À quand remonte la dernière fois qu'un chirurgien plasticien t'a appelé pour essayer sa nouvelle chirurgie plastique ? Les patients cherchent des chirurgiens, et non l'inverse.

Positionne-toi en tant qu'expert dans ton secteur ou propose gratuitement certains de tes produits ou services, et toi aussi tu pourras devenir ce chirurgien.

Je livre gratuitement certains de mes livres et autres matériels. Les lecteurs potentiels peuvent se familiariser avec mon travail sans risque. S'ils sont prêts, ils peuvent acheter d'autres produits. Je ne scrute pas Internet, à chercher de nouveaux lecteurs potentiels pour leur demander d'acheter mes livres. Par conséquent, je n'ai pas à entendre « non. »

Lis les ouvrages de Seth Godin ou le livre de Perry Marshall *80/20 Sales and Marketing* pour en savoir plus sur la manière de faire venir les gens à toi. Tu n'entendras pas seulement les « non » moins souvent, mais tu obtiendras également de meilleurs résultats tout en travaillant moins d'heures.

Implications pratiques

Si tu dois appeler ou envoyer un e-mail à des clients potentiels que tu ne connais pas et que tu as déjà quelques « oui », attribue une valeur monétaire à chaque « non ». Estime combien de « non » tu dois entendre avant d'obtenir un « oui », calcule la valeur d'un « oui » moyen et divise-la par le nombre de « non ». Et voilà, maintenant tu sais combien chaque « non » vaut approximativement et combien tu es proche d'une autre vente.

En plus de la première technique, tu peux également changer ton attitude pour te concentrer sur l'action elle-même (comme passer un appel) au lieu d'un résultat particulier. Ne pas avoir d'attentes est souvent plus bénéfique que de s'attacher à un résultat particulier (comme une vente) et de l'obtenir rarement.

Enfin et surtout, si tu ne peux pas gérer le nombre de « non » que tu entends quotidiennement, renseigne-toi sur le marketing de permission. Pense à la façon dont tu peux attirer les gens au lieu de les poursuivre.

Q : Comment rester motivé quand tout ce que je peux faire est d'attendre ?

Dans de nombreuses entreprises, tu dois souvent attendre que quelqu'un d'autre livre ton produit (ton contractant, fabricant, société de livraison), donne le feu vert pour le libérer (ton partenaire commercial, une agence gouvernementale, un distributeur) ou signer un contrat pour acheter ta solution (un client).

Quand il y a peu de choses que tu peux faire pour faire avancer les choses, tu ne peux pas être proactif, ce qui peut te conduire à douter de toi.

Il y a deux façons principales de traiter ce problème.

La première est de t'occuper de tâches qui peuvent ne pas être particulièrement importantes mais qui doivent être faites. Ce pourrait être le moment idéal de travailler sur toutes ces tâches subalternes que tu ne pouvais pas te forcer à faire auparavant. La saisie de données sans réfléchir ou tout autre travail d'administration peut être exactement ce dont tu as besoin pour occuper ton esprit pendant que tu attends la décision, le produit fini ou une livraison.

La deuxième façon de rester motivé est de détourner ton esprit. Puisque tu ne peux pas faire grand-chose pendant la période d'attente, pourquoi ne pas l'utiliser comme une occasion de faire une pause ou de te cultiver ? Trouve un défi dans le sport, apprends une nouvelle compétence, ou tout simplement passe du temps avec tes amis et ta famille.

Implications pratiques

S'il y a peu de choses que tu peux faire pour faire bouger les choses plus rapidement, occupe-toi des petites tâches qui auraient dû être accomplies il y a longtemps mais que tu as toujours remises à plus tard. Si tu n'as pas de telles tâches, fais une pause. La clé est de ne pas penser à l'attente et de faire autre chose.

Q : Comment puis-je renforcer ma confiance lorsque les affaires ralentissent ?

L'entrepreneuriat peut être une montagne russe. Un jour, tu es au sommet, le lendemain ton cœur est dans ta gorge alors que l'accélération te pousse dans le siège.

Que fais-tu pour faire face à une faible confiance lorsque ton entreprise ralentit ? Ou plus important encore : Comment peux-tu empêcher ou minimiser le découragement lorsque les affaires ralentissent ?

Voici sept solutions.

1. Fais des économies

Moins tu as de sécurité financière, plus ta confiance en prendra un coup lorsque ton entreprise sera en perte de vitesse. C'est une chose quand les affaires diminuent mais que tu as encore des économies, et une autre quand tu ne peux pas payer les factures. Dans le premier cas, tu peux toujours penser clairement, dans le second, il est facile de désespérer et d'aggraver ta situation.

Par conséquent, un fonds d'urgence qui couvrira au moins trois à six mois de tes frais de subsistance réguliers est nécessaire. Si tu n'en as pas encore, commence à économiser un pourcentage de ton revenu chaque mois pour créer un fonds pour subvenir à tes besoins et à ceux de ta famille pendant les périodes plus calmes.

2. Fais un diagnostic et agis

Lorsque les affaires se détériorent, le découragement et la résignation peuvent suivre. Au lieu de se complaire dans les mauvaises émotions, détends-toi et diagnostique la raison pour laquelle l'entreprise ne va pas bien.

Une fois que tu auras fait une liste des raisons potentielles, agis. Le simple fait d'agir t'aidera à reprendre le contrôle de la situation et à reprendre confiance en toi.

3. Garde tes yeux ouverts et sois alerte

Quand les affaires sont lentes, il est tentant de prendre des raccourcis. Un propriétaire d'un magasin de briques et de mortier ferme plus tôt parce que « personne ne viendra de toute façon ». Le propriétaire d'une entreprise en ligne met plus de temps à répondre aux clients potentiels parce que « après tout, quelle est la différence ? »

Une telle attitude ne fait rien pour remédier à la situation. Bien au contraire, cela l'aggrave et réduit les chances que tu profites d'une occasion qui se présente.

Chaque fois que tu te trouves dans une mauvaise situation commerciale, il faut en faire plus. Sois alerte et garde tes yeux ouverts pour d'éventuelles opportunités d'inverser la tendance.

4. Prioriser la croissance plutôt que réduire les dépenses

Lorsque tu perds confiance en ta capacité à faire croître ton entreprise, tu seras probablement tenté de réduire autant que possible tes dépenses. Ce ne peut être une solution saine que si elle est faite avec soin et que ce sont de véritables dépenses inutiles.

Malheureusement, beaucoup d'entrepreneurs deviennent trop désespérés, et au lieu de trouver de nouvelles façons d'augmenter leurs revenus, se concentrent presque exclusivement sur des économies de bouts de chandelles. En conséquence, la qualité de leurs produits diminue, le moral de leur équipe en prend un coup et l'ensemble de l'entreprise ne cesse de rétrécir, car « l'optimisation des coûts » la mange morceau par morceau.

Le seul résultat de la priorisation de l'optimisation des coûts sur l'augmentation de tes profits est que tu ralentis la décadence de l'entreprise, mais tu ne fais pas grand-chose pour inverser la tendance.

Pour reprendre le contrôle sur la mauvaise situation, résiste à la tentation de réduire autant de dépenses et concentre-toi sur la façon dont tu peux développer ton entreprise.

Vois cela de cette manière : tu peux seulement réduire autant de dépenses, mais ton potentiel de gains est illimité.

5. Adapte et expérimente

Peu importe si les choses vont bien ou tournent au vinaigre, il est essentiel d'investir certaines de tes ressources dans l'innovation. L'adaptation et l'expérimentation peuvent t'aider à découvrir de nouvelles sources de revenus, des tendances que tu peux développer pour développer ton activité ou un nouveau marché dans lequel tu peux devenir un leader.

Lorsque les affaires sont lentes, il est particulièrement important de continuer à essayer de nouvelles choses et de réparer les processus existants. En t'occupant des améliorations, tu garderas le moral et tu auras l'espoir de rester motivé malgré les obstacles et les revers.

6. Développe une nouvelle perspective

Développer une nouvelle perspective dans ton entreprise peut t'aider à la remettre sur les rails.

Tu n'es pas obligé d'embaucher un nouvel employé. Une nouvelle perspective peut provenir d'un ami à qui tu demandes un avis, ou de collègues professionnels sur un forum d'entrepreneurs à qui tu demanderas des conseils. Cela peut aussi venir de toi si tu pars en vacances, recharges tes batteries et reviens avec de nouvelles idées et une énergie renouvelée pour relancer ton entreprise en difficulté.

7. Booste ton estime de toi

Comme nous l'avons déjà mentionné, de nombreux entrepreneurs ont tendance à associer leur estime de soi à la performance de leur entreprise. Lorsque l'entreprise ralentit, ton estime de toi en prend également un coup. Avec une faible estime de soi, il est plus difficile de maintenir ta détermination, il est donc essentiel de la renforcer autant que possible pendant que tu travailles à rétablir ton entreprise.

Je suggère fortement d'avoir un ou deux passe-temps stimulants que tu peux pratiquer pour libérer ton esprit des affaires et stimuler ton bien-être.

Si ton entreprise est le plus grand, ou pire, le *seul* facteur qui définisse ton estime de toi, un ralentissement peut faire des ravages sur ton niveau d'autodiscipline. Si beaucoup de choses contribuent à ton estime, elle sera plus résistante aux crises.

Implication pratique

Je viens de te donner sept moyens pratiques de faire face à une faible confiance en soi lorsque ton entreprise ralentit. Le résultat final, et en fin de compte l'implication concrète la plus importante que tu puisses tirer de ce sous-chapitre c'est que, lorsque ton entreprise ralentit, il est temps d'être encore plus proactif. Si tu relâches la garde, tu seras frappé encore plus fort.

Si tu es dans une telle situation, reprends-toi, fixe trente minutes et dresse une liste des actions que tu peux entreprendre pour aider ton entreprise à se retrouver à nouveau sur un terrain stable.

Peu importe si ton entreprise souffre d'un ralentissement économique ou de toute autre chose que tu ne peux pas contrôler. Il y a toujours quelque chose que tu peux faire pour régler la situation, et c'est toujours mieux que la résignation.

Q : Comment puis-je vaincre les attaques à court terme de la procrastination ?

Tu t'assois devant ton ordinateur et tu regardes ta liste de choses à faire. Tu sais ce qui doit être fait, mais pour une raison que tu ne peux pas comprendre, tu ne le fais pas.

Les attaques à court terme de la procrastination sont différentes de la procrastination à long terme. Avec cette dernière, tu remets les choses à plus tard pendant des jours ou des semaines. Bien que tu puisses presque éliminer ce genre de procrastination de ta vie, il n'est pas possible de faire face à des poussées d'inertie intensives à court terme. De tels moments arrivent parfois.

Au lieu d'essayer d'être motivé, ce qui m'aide le plus souvent, c'est d'essayer *de prendre de l'élan.*

Quand j'ai demandé à l'auteur de bestseller et expert en fitness, Derek Doepker, quelle était sa stratégie principale pour la persévérance, il a répondu : « Je me demande juste : « Puis-je simplement ... ? » Et ensuite, j'insère une action tellement facile que je peux la faire, peu importe si je ne me sens pas motivé.

« As-tu déjà remarqué qu'*après* avoir commencé à faire quelque chose, *ensuite* tu as envie de continuer ? Au lieu d'essayer d'obtenir de la motivation, essaye de prendre de l'élan. La motivation suivra naturellement. Le succès entraine le succès. Chaque fois que tu réussis à faire ne serait-ce qu'une petite chose, ton sens de l'accomplissement et le désir d'en faire davantage grandissent. »[53]

En fait, je viens d'utiliser ce petit truc juste avant d'écrire ces mots. J'ai eu du mal à me motiver pour commencer à écrire, alors j'ai commencé à mettre quelques mots sur la page. Au bout d'une heure, mon quota quotidien de mots a été rempli, presque comme par magie.

Implication pratique

Quelle que soit ta tâche, commence-la, pas avec l'intention de la terminer, mais juste pour prendre de l'élan. Bien souvent, prendre les premières mesures est tout ce qui est nécessaire pour surmonter la procrastination et retrouver la motivation.

Q : Comment puis-je trouver la volonté de travailler sur mon entreprise si j'ai un emploi de jour et d'autres obligations ?

Travailler sur ton entreprise est assez difficile, et c'est encore plus difficile avec un emploi de jour et d'autres obligations. Maintenant, ne te méprends pas, ce n'est pas une excuse valable. Beaucoup de gens ont été dans la même situation et y sont arrivés. Tu peux y arriver aussi.

Je pourrais te donner de nombreux conseils pour gagner plus de temps pendant ta journée, mais au final il n'y a qu'un seul conseil extrêmement efficace que tu dois absolument mettre en place dans ta vie : la journée de travail d'une heure.

Avant que tu ne me traites de fou pensant que j'ai sûrement perdu mes esprits, écoute-moi. Nous aimons tous croire que nous travaillons extrêmement dur et qu'il n'y a absolument pas assez de temps pour tout intégrer dans un planning chargé. En réalité, le problème n'est pas de ne pas avoir assez de temps, mais du temps *sans distraction.*

Tu serais surpris de voir tout ce que tu pourrais accomplir si tu consacrais soixante minutes à ne travailler que de manière vraiment ciblée avec *zéro* distraction.

J'ai mis tellement l'accent tout au long du livre sur le fait que la construction de ton entreprise doit être avant tout durable car c'est la clé de la productivité. Ne sois pas victime de la semaine glamour de cent heures de travail qui te fait peut-être ressembler à un héros mais qui mène finalement à une baisse de productivité, au burnout, à la fatigue, à la maladie ou dans les pires cas, à la mort (*karōshi* ou « la mort de surmenage » est une menace réelle au Japon[54]).

Jeffrey J. McDonnell, professeur à la School of Environment and Sustainability de l'Université de la Saskatchewan à Saskatoon, au Canada, a écrit un article intitulé *La journée de travail d'une heure* dans lequel il loue le pouvoir de faire des petites doses d'écriture ciblée chaque jour.[55]

Comme McDonnell le souligne dans l'article, malgré le fait qu'il travaille comme un fou, sa productivité mesurée par la production de papier était maigre. Ce n'est que lorsqu'il a introduit une journée de travail d'une heure, une heure d'écriture ciblée chaque matin, qu'il a enfin pu faire quelque chose.

Ma journée de travail d'une heure est similaire. Si j'écris un nouveau livre, c'est écrire mille mots par jour. Si je suis en train d'éditer un livre, c'est un chapitre par jour. Même si je n'effectue rien d'autre, c'est toujours une journée productive.

Quelle est ta journée de travail d'une heure ? Détermine une tâche clé qui t'aidera à développer ton entreprise et concentre-toi dessus pendant ton heure magique. Si tu suis une telle routine tous les jours (et une heure par jour c'est gérable, n'est-ce pas ?) les résultats t'étonneront.

La clé pour que cette stratégie fonctionne est de trouver au moins une heure de temps sans distraction. Je te suggère fortement de te lever tôt, vers 5h00 ou 6h00, pour profiter du temps le plus calme de la journée.

Même si tu te considères comme un oiseau de nuit, je t'invite tout de même à expérimenter de te lever tôt. Avant, je restais debout jusqu'à 3 heures du matin. Maintenant, je me réveille régulièrement à 5h00 du matin et je termine toutes les tâches clés (hygiène quotidienne, exercice, travail) avant 9h00.

Implication pratique

Dès maintenant, règle ton réveil au moins une heure plus tôt que d'habitude. À partir de demain, protège la première heure de ta journée comme le moment le plus sacré de ta vie.

Passe toute l'heure à travailler sur la tâche la plus importante qui fera avancer ton entreprise. Même si tu ne peux pas te permettre de consacrer plus de temps à ton entreprise, cela te permettra d'atteindre ton objectif plus facilement que tu ne l'imagines.

FOIRE AUX QUESTIONS SUR L'AUTODISCIPLINE : RÉCAPITULATIF

1. Si tu as du mal à maintenir ton autodiscipline lorsque tu travailles sur des tâches moins importantes, trouve un moyen de les déléguer. Si tu ne peux pas le faire, rassemble-les et fais-les pendant une journée. Changer ton attitude à propos de ces tâches, trouver leur sens et leur utilité au lieu de te plaindre sur le fait qu'elles sont ennuyeuses et peu créatives, t'aidera aussi.

2. Il est facile de perdre sa motivation lorsque les choses sont difficiles et qu'il semble que tu n'atteindras jamais tes objectifs. La clé pour garder le moral est d'avoir les bonnes attentes. Par exemple, recherche combien de temps cela prend à une personne lambda pour atteindre l'objectif que tu veux atteindre au lieu de supposer que tu peux le faire rapidement, de façon irréaliste.

N'oublie pas non plus que c'est le processus qui te fait réussir. Apprécie-le pour tout ce qu'il apporte dans ta vie, y compris les défis.

3. Entendre « non » tout le temps peut briser la détermination de la personne la plus disciplinée. La meilleure façon de gérer le rejet est de se concentrer sur l'action elle-même et de ne pas t'attacher au résultat.

4. Si tu te trouves dans une situation où tout ce que tu peux faire est d'attendre, occupe-toi de tâches que tu as remises à plus tard depuis très longtemps. Être obsédé par le fait que tu doives attendre peut te mener à douter de toi et à te décourager. Tu peux également profiter de l'occasion pour faire une pause rapide et revenir avec une énergie renouvelée.

5. La clé pour faire face à un état émotionnel négatif lorsque ton entreprise ralentit est de rester proactif. Si tu laisses la résignation prendre le contrôle de ta vie, tu peux aussi bien abandonner maintenant. Fais une action, n'importe quelle action, pour te sortir du trou au lieu d'en creuser un plus profond.

6. Si tu as du mal à te lancer dans tes tâches quotidiennes, essaye de commencer à travailler sans t'attendre à terminer une activité donnée. Il suffit

d'écrire la première phrase, d'envoyer un e-mail à un client, d'écrire la première ligne de code, ou quoi que ce soit pour commencer à travailler. Bien souvent, en quelques minutes, tu prendras de l'élan et continueras.

7. Un emploi de jour et d'autres obligations peuvent rendre difficile le travail sur ton entreprise. Cela ne veut pas dire que c'est une bonne excuse pour ne pas rester discipliné. Utilise la puissance de la « journée de travail d'une heure » pour assurer une progression constante, même si elle est lente. Réveille-toi tôt et consacre la totalité des soixante minutes à un travail sans distraction sur la tâche la plus importante. Même si c'est tout ce que tu peux faire pour développer ton entreprise au quotidien, une heure de travail ciblée par jour peut apporter des résultats extraordinaires.

Épilogue

Je crois que les entrepreneurs sont la pierre angulaire de notre monde moderne et qu'ils ont besoin de tout le soutien possible. J'ai écrit ce livre pour donner ma petite contribution et t'aider à acquérir des connaissances pratiques pour améliorer ton autodiscipline et faciliter ta vie d'entrepreneur.

La vie d'un entrepreneur peut être ardue, mais ses avantages en valent la peine. Peu de choix de mode de vie peuvent te fournir autant d'expériences enrichissantes que la construction de ta propre entreprise. De même, rien d'autre ne va mettre à l'épreuve ta persévérance et ton autodiscipline autant que d'être la seule personne responsable de ton succès.

Comme dernier résumé rapide, je veux que tu te souviennes que :

- Tout commence par une bonne motivation. Si tu es un entrepreneur par nature, tu ne manqueras probablement pas d'une solide raison pour laquelle tu devrais continuer, mais cela vaut la peine d'envisager d'autres facteurs de motivation pour renforcer ta détermination.

- Ton environnement crée ta vie. C'est toi qui décide qui sont tes amis, quels livres tu lis, comment tu passes ton temps, et quels comportements tu exhibes quotidiennement.

- Fais de ta vie plus que de l'entreprenariat. C'est addictif de travailler sur ton entreprise, mais ce ne devrait pas être le seul amour de ta vie. Rappelle-toi que tu travailles pour vivre, tu ne vis pas pour travailler.

- Dévouement et concentration sont les clés du succès. Dans notre monde en évolution rapide, il est de plus en plus difficile de maintenir le cap et de s'engager, mais tu n'es pas un entrepreneur parce que tu veux être comme tout le monde, n'est-ce pas ?

- Être proactif est essentiel pour développer une attitude appropriée. Les entrepreneurs *n'attendent pas* que les choses se passent, ils les *causent*.

Je veux que tu continues à créer de nouvelles choses, à lancer de nouvelles entreprises ou à améliorer tes entreprises existantes, et à changer le monde pour le mieux avec ton énergie et ton esprit d'entreprise uniques.

Continue malgré tout ce que la vie te propose, dis « non » aux choses qui mettent en péril tes résultats à long terme et efforce-toi d'améliorer ton autodiscipline. C'est seulement en maintenant une forte éthique de travail et en étant à l'aise avec l'inconfort que tu pourras continuellement accomplir de plus en plus dans ta vie entrepreneuriale et personnelle.

J'espère que nous nous reverrons dans mes autres livres dans lesquels tu apprendras à améliorer d'autres aspects de ta vie et à atteindre le succès ultime. Bonne chance !

Inscris-toi à ma newsletter

J'aimerais rester en contact avec toi. Inscris-toi à ma newsletter et reçois mes nouvelles publications, des articles gratuits, des cadeaux et autres e-mails importants de ma part.

Inscris-toi en cliquant sur le lien ci-dessous :
http://www.profoundselfimprovement.com/frnews

Peux-tu aider ?

J'adorerais connaître ton opinion à propos de mon livre. Dans le domaine de la publication de livres, il existe peu de choses plus importantes que les avis honnêtes d'une grande variété de lecteurs.

Ton avis aidera les autres lecteurs potentiels à savoir si mon livre est pour eux. Cela m'aidera aussi à toucher plus de lecteurs en améliorant la visibilité de mon livre.

À propos de Martin Meadows

Martin Meadows est le nom de plume d'un auteur qui a dédié sa vie au développement personnel. Il se réinvente constamment en faisant des changements radicaux dans sa vie.

Au cours des années, il a fait des jeûnes de plus de 40 heures, appris deux langues étrangères tout seul, perdu plus de 13,6 kilos en 12 semaines, géré plusieurs entreprises dans des industries variées, pris des douches et des bains glacés, vécu sur une petite île tropicale dans un pays étranger pendant plusieurs mois, et écrit un roman d'histoires courtes de 400 pages en l'espace d'un mois.

Pourtant, l'auto-torture n'est pas sa passion. Martin aime tester ses limites pour découvrir jusqu'où va sa zone de confort.

Ses découvertes (basées sur son expérience personnelle et sur des études scientifiques) l'aident à améliorer sa vie. Si tu veux repousser tes limites et apprendre comment devenir la meilleure version de toi-même, tu adoreras les œuvres de Martin.

Tu peux lire ses livres ici :

http://www.amazon.fr/-/e/B00U97LQGG

© Copyright 2018 par Meadows Publishing. Tous droits réservés.

Traduit de l'anglais par Marie-Alice Baker.

La reproduction partielle ou complète de cette publication sans approbation expresse écrite est strictement interdite. L'auteur apprécie énormément que tu prennes le temps de lire son œuvre. Essaye de prendre le temps de considérer lui laisser un avis là où tu as acheté le livre, ou d'en parler à tes amis, pour nous aider à faire passer le message. Nous te remercions de soutenir notre travail.

Des efforts nécessaires ont été pris pour veiller à l'exactitude et à l'intégralité des informations dans ce livre. Cependant, l'auteur et l'éditeur ne garantissent pas l'exactitude des informations, des textes et des illustrations contenus dans ce livre en raison de la nature changeante rapide de la science, des recherches, des faits connus et inconnus et d'internet. L'auteur et l'éditeur ne sont pas responsables des erreurs, des omissions ou de la compréhension contraire du sujet traité. Ce livre n'est présenté que dans le but de motiver et d'informer.

[1] Ryan, R. M., & Deci, E. L. (2000). Intrinsic and Extrinsic Motivations: Classic Definitions and New Directions. *Contemporary Educational Psychology*, 25(1), 54-67. doi: 10.1006/ceps.1999.1020

[2] Ryan, R. M., & Deci, E. L. (2000). Intrinsic and Extrinsic Motivations: Classic Definitions and New Directions. *Contemporary Educational Psychology*, 25(1), 54-67. doi: 10.1006/ceps.1999.1020

[3] Preston, J. (26 août 2014). Richard Branson: My golden rule of business. Recueilli le 26 juillet 2016 sur https://www.virgin.com/entrepreneur/richard-branson-my-golden-rule-of-business

[4] Harris, P. (1 août 2010). Elon Musk: 'I'm planning to retire to Mars'. Recueilli le 26 juillet 2016 sur https://www.theguardian.com/technology/2010/aug/01/elon-musk-spacex-rocket-mars

[5] Waters, R. (22 décembre 2005). Google's founders named Men of the Year. Recueilli le 26 juillet 2016 sur http://www.ft.com/cms/s/2/86e14656-7315-11da-8b42-0000779e2340.html#axzz4FXl8Ba1e

[6] Tang, S., & Hall, V. C. (1995). The overjustification effect: A meta-analysis. *Applied Cognitive Psychology*, 9(5), 365-404. doi: 10.1002/acp.2350090502

[7] Silver, Y. (2015). *Evolved Enterprise: How to Re-think, Re-imagine, and Re-invent Your Business to Deliver Meaningful Impact & Even Greater Profits*. Recueilli sur https://evolvedenterprise.com/

[8] Grant, A. M. (2008). Does Intrinsic Motivation Fuel the Prosocial Fire? Motivational Synergy in Predicting Persistence, Performance, and Productivity. *Journal of Applied Psychology*, 93(1): 48-58. doi: 0.1037/0021-9010.93.1.48

[9] About Sevenly. Recueilli le 27 juillet 2016 sur https://www.sevenly.org/pages/about-us

[10] Kahneman, D., & Deaton, A. (2010). Un revenu élevé améliore l'évaluation de la vie, mais pas le bien-être émotionnel.

Proceedings of the National Academy of Sciences, 107(38): 16489-16493. doi: 10.1073/pnas.1011492107

[11] Bandura, A. (1977). *Social Learning Theory*. Englewood Cliffs, NJ: Prentice-Hall.

[12] Anderson, C. A., & Bushman, B. J. (2001). Effects of violent video games on aggressive behavior, aggressive cognition, aggressive affect, physiological arousal, and pro-social behavior: A meta-analytic review of the scientific literature. *Psychological Science*, 12(5): 353-359. doi:10.1111/1467-9280.00366

[13] Paik, H., & Comstock, G. (1994). The effects of television violence on antisocial behavior: A meta-analysis. *Communication Research*, 21(4): 516-546. doi:10.1177/009365094021004004

[14] Baumeister, R. F. (2003). Ego Depletion and Self-Regulation Failure: A Resource Model of Self-Control. *Alcoholism: Clinical & Experimental Research*, 27(2): 281-284. doi: 10.1097/01.ALC.0000060879.61384.A4

[15] Ferriss, T. (2009). *The 4-Hour Workweek: Escape 9-5, Live Anywhere, and Join the New Rich*. New York: Crown Publishers.

[16] Johnston, W. M., & Davey, G. C. L. (1997). The psychological impact of negative TV news bulletins: The catastrophizing of personal worries. *British Journal of Psychology*, 88(1): 85-91. doi: 10.1111/j.2044-8295.1997.tb02622.x

[17] Schwartz, M. (7 mars 2007). Robert Sapolsky discusses physiological effects of stress. Recueilli le 29 juillet 2016 sur http://news.stanford.edu/news/2007/march7/sapolskysr-030707.html

[18] Brown, L. (20 août 2016). Refuser de se plaindre. Se plaindre est juste une façon de ne pas prendre ses responsabilités, de justifier de ne rien faire et de se programmer à échouer [Mise à jour du statut Facebook]. Recueilli le 21août 2016, sur https://www.facebook.com/Brown.Les/posts/10154377438849654

[19] Grant, A. M. (2013). *Give and Take: Why Helping Others Drives Our Success*. New York, NY: Viking.
[20] McKinney, F. (2002). *Make It Big: 49 Secrets for Building a Life of Extreme Success*. New York, NY: John Wiley & Sons.
[21] Burg, B., & Mann, J. D. (2007). *The Go-Giver, Expanded Edition: A Little Story About a Powerful Business Idea*. New York, NY: Portfolio.
[22] Bartolotta, D. L. (1998). If At First You Don't Succeed… What Makes You Try Again? Recueilli le 29 juillet sur http://repository.cmu.edu/cgi/viewcontent.cgi?article=1033&context=hsshonors
[23] Christy, M. (9 mai 1982). Winning according to Schwarzenegger. *Boston Globe*. p. 51.
[24] McGonigal, K. (2012). *The Willpower Instinct: How Self-Control Works, Why It Matters, and What You Can Do to Get More of It*. New York, NY: Avery.
[25] Baumeister, R. F. (2003). Ego Depletion and Self-Regulation Failure: A Resource Model of Self-Control. *Alcoholism: Clinical & Experimental Research*, 27(2): 281-284. doi: 10.1097/01.ALC.0000060879.61384.A4
[26] Williamson, A., & Feyer, A. (2000). La privation modérée de sommeil produit des altérations de la performance cognitive et motrice équivalentes aux niveaux d'intoxication alcoolique prescrits par la loi. *Occupational & Environmental Medicine*, 57(10): 649-655. doi: 10.1136/oem.57.10.649
[27] Simmons, M. (13 mai 2013). Is The 70-Hour Work Week Worth The Sacrifice? Recueilli le 30 juillet 2016, sur http://www.forbes.com/sites/michaelsimmons/2013/05/13/is-the-70-hour-work-week-worth-the-sacrifice/
[28] DeMarco, M. J (2011). *The Millionaire Fastlane: Crack the Code to Wealth and Live Rich for a Lifetime*. Phoenix, AZ: Viperion Publishing Corporation.
[29] King, S. (2010). *On Writing: 10th Anniversary Edition: A Memoir of the Craft*. New York, NY: Scribner.
[30] Holiday, R. (2016). *Ego Is the Enemy*. New York, NY: Portfolio.

[31] Rock, D. (2009). *Your Brain at Work: Strategies for Overcoming Distraction, Regaining Focus, and Working Smarter All Day Long*. New York, NY: HarperCollins.

[32] Rock, D. (4 octobre 2009). Easily distracted: Why it's hard to focus, and what to do about it. Recueilli le 6 août 2016, sur https://www.psychologytoday.com/blog/your-brain-work/200910/easily-distracted-why-its-hard-focus-and-what-do-about-it

[33] Pattison, K. (28 juillet 2008). Worker, Interrupted: The Cost of Task Switching. Recueilli le 6 août 2016, sur http://www.fastcompany.com/944128/worker-interrupted-cost-task-switching.

[34] The Pomodoro Technique. Recueilli le 6 août 2016 sur http://pomodorotechnique.com/

[35] K. D. Vohs, R., Baumeister, J. M., Twinge, B. J., Schmeichel, D. M., Tice, & J., Crocker (2005). *La fatigue décisionnelle épuise les ressources autorégulatrices, mais s'adapte aussi aux alternatives non choisies*. Recueilli le 7 août 2016 sur https://www.chicagobooth.edu/research/workshops/marketing/archive/WorkshopPapers/vohs.pdf

[36] Anderson, C. (2003). The Psychology of Doing Nothing: Forms of Decision Avoidance Result from Reason and Emotion. *Psychological Bulletin*, 129(1): 139-167. doi: 10.1037/0033-2909.129.1.139

[37] Baer, D. (12 février 2014). Always Wear The Same Suit: Obama's Presidential Productivity Secrets. Recueilli le 10 août 2016, sur http://www.fastcompany.com/3026265/work-smart/always-wear-the-same-suit-obamas-presidential-productivity-secrets

[38] Kirby, L. D., Morrow, J., & Yih, J. (2014). *The challenge of challenge: Pursuing determination as an emotion*. In M. M., Tugade, M. N., Shiota, & L. D., Kirby (Eds.), *Handbook of Positive Emotions*. New York, NY: Guilford Publications.

[39] Rotter, J. B. (1966). Generalized expectancies for internal versus external control of reinforcement. *Psychological*

Monographs: General & Applied, 80(1): 1-28. doi: 10.1037/h0092976

[40] Bandura, A. (1994). *Self-efficacy*. In V. S., Ramachaudran (Ed.), *Encyclopedia of human behavior*, vol. 4, pp. 71-81. Cambridge, MA: Academic Press.

[41] Carnegie Mellon University (20 décembre 2007) *Randy Pausch Last Lecture : Achieving Your Childhood Dreams* [Vidéo]. Recueilli le 7 août 2016 sur https://www.youtube.com/watch?v=ji5_MqicxSo

[42] *Wantrepreneur*. Urban Dictionary. Recueilli le 16 août, sur http://www.urbandictionary.com/define.php?term=wantrepreneur

[43] Williams, B. (25 mai 2006). Steve Jobs: Iconoclast and salesman. Recueilli le 17 août 2016, sur http://www.nbcnews.com/id/12974884/

[44] Van Boven, L., & Gilovich, T. (2003). To Do or to Have? That Is the Question. *Journal of Personality and Social Psychology*, 85(6): 1193-1202. doi: 10.1037/0022-3514.85.6.1193

[45] Van Boven, L. (2005). Experientialism, Materialism, and the Pursuit of Happiness. *Review of General Psychology*, 9(2): 132-142. doi: 10.1037/1089-2680.9.2.132

[46] Kumar, A., Killingsworth, M. A., & Gilovich, T. (2014). Waiting for Merlot. Anticipatory Consumption of Experiential and Material Purchases. *Psychological Science*, 25(10): 1924-1931. doi: 10.1177/0956797614546556

[47] Pchelin, P., & Howell, R. T. (2014). The hidden cost of value-seeking: People do not accurately forecast the economic benefits of experiential purchases. *The Journal of Positive Psychology*, 9(4): 322-334. doi: 10.1080/17439760.2014.898316

[48] Patel, N. (2 avril 2015). *Why You Should Never Start Just One Business*. Recueilli le 18 août 2016, sur https://www.entrepreneur.com/article/244560

[49] Sivers, D. (2 août 2016). *When you're extremely un-motivated*. Recueilli le 18 août 2016, sur https://sivers.org/unmo

[50] Polivy, J. (2001). The false hope syndrome: unrealistic expectations of self-change. *International Journal of Obesity and Related Metabolic Disorders*, 25 Suppl 1: S80-4. doi: 10.1038/sj.ijo.0801705

[51] Vital, A. (23 août 2013). *Serial Entrepreneurs – The Founders Who Pursue Multiple Opportunities*. Recueilli le 23 août 2016 sur http://fundersandfounders.com/serial-entrepreneurs-how-to-pursue-multiple-opportunities/

[52] *Freelancing in America: 2015*. Recueilli le 23 août 2016, sur https://fu-web-storage-prod.s3.amazonaws.com/content/filer_public/59/e7/59e70be1-5730-4db8-919f-1d9b5024f939/survey_2015.pdf

[53] Meadows, M. (2015). *La détermination : Comment persévérer quand tu es prêt à renoncer*.

[54] *Karōshi*. (2 août 2016) dans Wikipedia, The Free Encyclopedia. Recueilli le 22 août 2016, sur https://en.wikipedia.org/w/index.php?title=Kar%C5%8Dshi&oldid=732672121

[55] McDonnell, J. (2016). The 1-hour workday. *Science*, 353(6300), 718. doi: 10.1126/science.353.6300.718.

www.ingramcontent.com/pod-product-compliance
Lightning Source LLC
Chambersburg PA
CBHW031624210526
45464CB00004B/1741